菜園から愛をこめて

野菜作りにチャレンジしませんか?

藤田 智

清流出版

はじめに ――「野菜作りを始めよう」

収穫してすぐに食べる野菜のみずみずしさとおいしさは格別！　その贅沢を味わうには、自ら野菜を育てるに限ります。家庭菜園を始めれば、収穫だけではない楽しさや喜びが、きっとたくさん見つかることでしょう。

この本では野菜についてのあれこれや、僕と野菜との思い出をお話ししてみたいと思います。今までより少し野菜に興味がもてるようになったら、ぜひご自身で栽培を始めてみてください。第2章と第4章に具体的な栽培方法を、野菜ごとに掲載しています。タネまきや苗の植え付けから収穫まで、まきどきや植え付け時期を逃さないように、季節を感じながら、菜園生活を楽しみましょう。

野菜作りの楽しさを一人でも多くの人に

ここ数年、家庭菜園の人気が高まっています。野菜を自分で育ててみようと思う人が増えるのはとてもうれしいことです。はじめに僕自身のことと、家庭菜園ブームの背景について、お話ししたいと思います。

僕の故郷は秋田県の山間の町で、実家は農業をしています。子どもの頃から出稼ぎによる近隣農家のさまざまな問題に胸を痛めて育ち、農家が出稼ぎしなくてもいいようにしたい、とずっと思っていました。

やがて農民のために技術指導に尽くした宮澤賢治にあこがれ、第二の宮澤賢治になるのだと、賢治の母校を前身とする岩手大学農学部に入学しました。以来、野菜の品種改良の研究と日本の農家を元気にすることを目標に、園芸学の道を歩み続けています。

これから野菜作りを体験してみたいと思われているみなさんには、一人でも多くの方に、野菜作りの楽しさ知っていただき、また、野菜作りの大変さにも関心をもっていただきたい。それがずっと野菜に関わってきた僕の願いです。

土に親しむ

ところで、今の家庭菜園ブームはいつ頃から始まったと思いますか？　答えは団塊の世代の定年退職が始まった、二〇〇七年三月前後からです。団塊の世代の多くは子どもの頃は土に親しみながら育った人たちです。しかし成長して社会で活躍する頃には、都会では土のある場所はしだいにコンクリートに変わりました。

つまり定年を迎えた団塊の世代は、コンクリートの仕事場を去った後、ふたたび土を求め、土のある場所へ戻っている、というのが、ブームの背景の一つと考えられるのです。

日本の野菜は安心・安全

二〇〇四年頃までは、園芸といえば常に花の栽培に人気があり、野菜栽培を楽しむ人は花の栽培よりずっと少ない時代が続いていました。しかし、少ないけれど野菜作りの人気はずっと一定にあり、二〇〇四年頃を境に人気が伸び始めたのです。団塊の世代が定年を迎える前から人気が伸びていたのは、人々が野菜を作ることに癒しや生きがいを求めていたのかもしれません。

一方、二〇〇九年には中国からの輸入野菜に不安を抱かせる問題がありました。農薬の規制が厳しい日本で作られている野菜は確かに安全です。これが〈日本で作られたものが安全〉〈自分で作ればもっと安心〉という考えで野菜作りをしたい人には、追い風になったと思います。

自分で作ればうれしい！　楽しい！

野菜作りの魅力はどこにあると思いますか？　もちろん、収穫したばかりの新鮮な野菜が食べられる魅力は大きいですね。でもそれだけじゃないんです。

野菜作りをすると、第一に買い物をするときや外食をするときでも、野菜に対する関心がわいてきます。そして自然と野菜を見る目が養われ、四季の移り変わりに気づく感性が磨かれ、土や野菜に触れることで心が癒され、収穫物を介して家族や隣近所とのコミュニケーションも円滑になります。何よりも、畑にはたくさんの感動があるのです。

野菜作りは難しくはありません。でも最初のうちは難しいと思って取り組んでみるのもいいでしょう。やってみたら意外と楽だと思うかもしれません。少しでも興味をもたれた方は、栽培する野菜の種類をいろいろと増やしていくのも、きっと楽しいことでしょう。

目次

第2章 栽培実践 春夏スタート編

第4章　栽培実践　秋冬スタート編

構成／岩下さち子　写真／田邊美樹　装丁・デザイン／中川健一　イラスト／池畠裕美

第1章 うれしい！ 楽しい！ 野菜作り

キュウリ・トマト

初めて作る野菜は何にしようか、あれもこれもと迷いますね。ビギナーにおすすめの野菜はいろいろありますが、まずは人気のあるキュウリとトマトから始めてはいかがでしょうか。形は多少いびつになったとしても、どちらももぎたてはみずみずしく、最高においしいこと間違いなしです。

ミミズを見ては大騒ぎ

僕が指導する大学の授業では、入学したばかりの一年生全員が、まず最初に取り組み、最初に収穫するのがキュウリです。キュウリはごく身近で親しみやすい野菜の一つですが、だからといって手を掛けずに簡単に育つものではありません。作り手が手を掛けて大切に育てて、その結果うれしい収穫が得られるのです。

ある年、僕は一人の学生から、キュウリの収穫にまつわるちょっといい話を聞きました。ここでご紹介したいと思います。

入学したばかりの一年生のほとんどは、野菜作りも畑仕事もまったく経験のない、十八歳、十九歳の普通の女の子たちです。土を耕せば「ミミズがいたー」、野菜が成長すれば、葉っぱの裏に「なんか虫がいるー」と、ワーワー、キャーキャーと、それはにぎやかです。

最初のうちはそうして騒いでいた学生たちも、やがて野菜の花が咲き、小さな実をつけ、しだいに大きくなって収穫できるようになると、自ら育てた実りの喜びを、しみじみと実感するようになっていきます。

そんなある日、一人の学生が収穫の感動を覚えながら、もぎたてのキュウリを自宅にもって帰りました。学生のお母さんは、長いのや短いのや丸まっているのやら、不ぞろいのキュウリを見て聞きました。

「どうしたの？　これ」

「私が学校で作ったの」

「へぇ、すごいわね、じゃあサラダや浅漬けにしてみるわ」

ということで、夕食にはさらにもう一品、キュウリを使った中華料理まで作ってくれたそうです。

キュウリがつないだ父と娘の会話

そして夕食の時間、お父さんも仕事から帰って来て、家族は一緒に食卓を囲みました。すると、食卓に並ぶキュウリを食べたお父さんが、お母さんに言いました。

「どうしたの？　これ。こんなにおいしいキュウリ、食べたことないよ」

「○○ちゃんが学校で作ったのをもってきてくれたのよ」

娘が作ったキュウリだと聞かされたお父さんは、途端にしんみりとして黙ってしまったそうです。翌朝、その学生が目を覚ますと、枕元にお父さんからのメモが置いてありました。

「○○ちゃん、キュウリ、おいしかったよ。ありがとう」

この話を聞いて、僕は胸がじぃんと温かくなりました。

十八歳や十九歳の女の子といえば、父親と会話をしなくなる年頃です。そのうえオヤジは加齢臭だかなんだかで、ますます娘からは敬遠されちゃうんです。その学生も、それまでの夕食の時間は、父親と一緒だと鬱陶しいな、と思いながら食事をしていたみたいです。でもキュウリの一件があってからは、父と娘は学校での野菜作りを会話のきっかけとして、少しずついろいろな話をするようになったらしいんです。ね、いい話でしょ。

授業では、いちばん最初に収穫することから、キュウリを〈私が育てた最初の命〉と言っています。学生たちはそう言いながらも、「私が育てた最初の命！　いただきますっ！」って、その場でガブッとかじっていますけどね(笑)。

野菜を育てることで、家族の会話が増えたり、ご近所とのコミュニケーションが増える。それはまさに家庭菜園がもたらしてくれる、大きな大きな副産物だと思います。

畑で食べるトマトは最高！

トマトにはたくさんの品種があります。そしてスーパーに並んでいる最近のトマトは、どれも赤い色が濃い。でも昔のトマトは今ほど赤くなくて、黄色っぽいのやオレンジ色っぽいものが多かったですよね。その頃のトマトと比べたら、色の濃い今のトマトのほうがやはり断然おいしい。品種が増えたのも、おいしいトマトができるようになったのも、品種改良の成果が大きいと実感しています。

僕が一番好きなトマトの食べ方は、畑でもいで、そのままかじる食べ方。自宅ではドレッシングを使ったり、トマト鍋なんかも好きだけれど、やっぱり畑でもいで、ガブッ、がいちばんです！

トマトのタネのぬるぬるは……

トマトのタネは、ちょっとどろっとしたゼリー状のヌルヌルにくるまれていますね。なんのためにあんなヌルヌルがついているのかなぁ、って思ったことはありますか？　ないですかね(笑)。

実はこのヌルヌルには、ちゃんとした役割があるんですよ。まずはタネを保護するクッション的な役割、そして養分の通り道という役割、さらにもう一つ大事な役目を担っています。

ちょっと実験をしてみましょう。このヌルヌルを洗い落としたタネと、ヌルヌルがついたままのタネを畑にまいてみると、その違いがはっきりとわかります。洗い落としたタネは数日で発芽しますが、ヌルヌルがついたまま、まいたタネはなかなか発芽しません。

そうです、あのヌルヌルは発芽抑制成分なのです。これはタネが自らを守るためのもので、例えば地面に落ちたとしても、寒い冬ならタネはそのヌルヌルによって守られて、発芽しないというわけです。

これは同じようなヌルヌルがついているメロンのタネにも共通しています。

ゴーヤ

ニガウリとも呼ばれるゴーヤは、名の通り苦みが特徴の野菜。それを大人の味とするなら、子どもさんには敬遠されがちな野菜なのかもしれませんが、そういう野菜こそ家族で育てて成長過程から親しみ、苦手野菜を克服する菜園計画はいかがでしょう。近年続く猛暑には、葉を茂らせて緑のカーテンを作り、涼やかな緑陰を楽しむのもおすすめです。

おもてなしのゴーヤチャンプルー

みなさんはゴーヤはお好きですか？　独特の苦みが苦手という人もいれば、その苦みがいいんだよ、という人もいますね。僕は……実は若い頃はゴーヤが苦手でした。もちろん野菜作りが専門ですから、ゴーヤという野菜はずいぶん前から知っていましたが、昔は今ほど一般的な野菜ではなかったので

す。少なくとも二〇年くらい前までは……。

その頃僕は家内と結婚する約束をしていました。結婚を許してもらおうと、彼女の実家を夏の初めに訪問したときのことです。なかなか言い出せずにいると、いつの間にか夕飯が用意されていて、その食卓にあったのがゴーヤチャンプルーという料理でした。

ゴーヤは知っていたけれど、これまでに食べたことがありません。口に入れてみるとやはり苦い。僕は内心、「こんなに苦いものを出すなんて、嫌われてるな……」とがっくりし、その日は結婚の話はせずに帰ってきてしまいました。しかし彼女との結婚をあきらめるわけにはいきません。気を取り直して一〇日後に再訪すると、なんと食卓にはまた、あのゴーヤチャンプルー……。落ち込みました。

三度目に訪問したのは、それから一か月後。やはり食卓にはゴーヤがありました。でももうひるまずに「娘さんをください」と言いました。ドキドキしていましたが、返事はあっさりと「あ、いいですよ」。拍子抜けするほど簡単でした。

「あのう……、僕のこと嫌いじゃないですか?」と言うと、「そんなことないですよ、好きですよ」。じゃあなぜいつも決まってこんなに苦いものを出されたのかと聞くと、お義父さんは言いました。「私は鹿児島県出身で、夏はゴーヤをせっせと食べるんです。暑いときにお客さんをもてなすのもゴーヤなんですよ」。

なーんだ、そういうことか。安堵したあの日のことは今も忘れられません。ゴーヤは私をもてなしてくれるための、一番のごちそうだったというわけです。

僕は野菜作りを専門に指導していますが、好き嫌いとは別に、未だに食べたことのない野菜はたくさんあります。なぜなら今、日本には一九〇種類以上の野菜があり、世界にはなんとその四倍以上の八九三種類もの野菜があるのです。みなさんだって食べたことがない種類があって当然です。二〇年前にはそれほど一般的でなかったゴーヤも、今では全国区で知られる野菜となりました。そんなふうに今まで知らなかった野菜が身近になるのは、これからのちょっとした楽しみですね。

さて件《くだん》のゴーヤですが、その後はもちろん、おいしくいただけるようになりました(笑)。

ゴーヤの品種もいろいろ

最近ではゴーヤ以外にも、いろいろな沖縄野菜が比較的手に入りやすくなってきました。沖縄ではゴーヤはゴーヤーと呼ばれているそうです。ナーベラーと呼ばれているのはヘチマです。このほかシブイと呼ばれるトウガンや、島ニンジン、島オクラなどがあります。

ゴーヤだけでもいろいろな品種があり、栽培に適した品種は数種類あります。いくつかご紹介してみましょう。

●さつま大長れいし……三五センチほどになる細長い品種。苦みが強く、炒め物のほか酢の物やジュースに。

●太れいし……太く短めで収穫する品種。

●白れいし……皮が白いのが特徴で、苦みが少なくサラダにも適する品種。

●にがにがくん……苦みが強く、ビタミンやカロテンを多く含む品種。

●ほろにがくん……ふっくらとやや短く太いのが特徴。苦みを抑えた食べやすい品種。

●中長ニガウリ……ビタミンCがたっぷりで、元気に生育する品種。

長品種は三〇センチ、中長品種は二〇センチ、太れいしや白れいしは一五センチくらいが、収穫の目安です。いずれも開花後二〇日前後の、若い実を収穫します。一株あたり七~八本くらいは収穫できるでしょう。

人間だけが好むニガウリの苦み

ゴーヤの別名はニガウリ。ここではゴーヤではなくニガウリと呼んでお話を進めてみましょう。

ニガウリは文字通り苦いウリですが、その苦み味成分は数種類のサポニンと二十数種類のアミノ酸からなる、モモルデシンという成分です。この苦み成分、なんとニガウリ全体の一パーセント以下しか含まれていないのですから驚きます。それだけ強烈な成分ということですね。今のところこのモモルデシンは、食品全体のなかでもニガウリにしか見つかっていません。

もともと熱帯の植物には苦みやえぐみのあるものが多くあります。ニガウリのように苦みがある理由は、タネができていない若いうちに動物に食べられないようにするため。こうして自らを守らないと繁殖できないからです。繁殖しながら成長し、タネができるようになると動物に食べてもらい、タネを遠くへ運んでもらって、そこでまた繁殖を始める、というわけです。

ここで、おやっと思われましたか？　タネができるまで成長すると動物が食べる、つまり、タネができるとニガウリは甘くなるのです。

最近は家庭菜園で栽培する人が増えましたから、経験された方も多いと思いますが、収穫時期を逸して黄色くなったニガウリは、実が裂けて、赤いゼリー状のものにタネがおおわれます。ちょっとグロテスクで腐ったように見えますが、これが完熟の状態です。食べてみると、おいしくはないですが、あの苦みはどこへいったのだろう、と思うくらい甘くなっています。

ニガウリの旬は夏。夏バテしやすい暑い季節に、苦みが胃を刺激して消化液の分泌を促し、食欲を増進させて、私たちはそれをおいしいと感じます。動物に食べられないために若いうちは苦いニガウリですが、人間はその苦みにおいしさを見つけてしまったというわけです。

セロリ

生野菜をふんだんに使ったサラダこそ、野菜の鮮度が勝負。家庭菜園で作っていれば、収穫してすぐに食卓に上がるのがうれしいですね。セロリは火を通す料理にも大活躍しますが、シャキシャキとした新鮮な歯触りと独特の香りを、ぜひサラダでいただきたいものです。そのみずみずしいおいしさこそ、家庭菜園ならではの感動といえるでしょう。

セロリが苦手な人に

香りに特徴があるセロリですが、あの匂いが苦手という人がいますね。わが家の二男も子どもの頃は苦手で、家内がなんとか食べられるようにといろいろ工夫をしていました。

ある日、家内はセロリを細かく刻み、キャベツや

シソなどほかの野菜とともに塩漬けにし、何も言わずに二男に出しました。すると二男は「これ、おいしいね」というのです。

僕も知らずに食べて「あれ、これセロリが入ってるの？」と言うと、二男は「セロリなんか入ってないよ。入ってたら僕は食べられないんだから」と言います。

家内が「入ってるのよ」と言うと、二男は「えーっ、僕はセロリが食べられないと思っていたけれど、じゃあ食べられるっていうことだね」と自分で驚いていました。

苦手な野菜は料理で工夫して

細かく切って塩漬けにしても、セロリの栄養価はそれほど大きく変わりません。ぬか漬けなどにすると野菜のビタミンは増えるほどです。苦手な人はこんなふうに、ぜひいろいろ試してみてください。

子どもにとって苦手な野菜はいくつかあると思いますが、小さな頃からさまざまな食べ方を工夫して食べさせることで、無理強いせずとも苦手な野菜が食べられるようになることもあります。知らずに食べて「なーんだ。食べられるんだ」と思わせるのも一つの工夫です。そうした工夫で少しでも野菜好きな子どもが増えればいいなと思います。

春に備えて土作りをしよう！

畑の作物が少なくなるこれからの季節、春に備えて準備したいのが、「厳冬期に行なう土作り」です。

この土作りは、菜園の土の中に潜んでいる病原菌や害虫を寒さの力を借りて駆除し、土の状態をよくする方法です。よい土は野菜を育てるのにとても大事です。ここでは二種類の土作りをご紹介します。さらさらのやわらかな土にして春を迎えましょう。

冬の土作り…その①

寒起こし

明け方に降りた霜で土の表面が凍り、昼には溶けて乾燥する。これが繰り返されることによって一か月後には塊が崩れ、さらさらの土になります。

霜が降りる厳寒期にスコップを土の中にさし込んで掘り起こす

固くなった土の塊を砕かずにそのまま寒気に1か月ほどさらす

冬の土作り…その②

天地返し

連作障害や病害虫がひどい場合に行なうとよいのが天地返し。土を入れ替えることによって土の状態をよくします。

天地返しをする場所に、スコップで土に枠を描いて分割（この見本では3分割）し、その枠を仮に①の枠、②の枠、③の枠とする

①の枠にスコップを入れて掘り起し、土を枠外に出す。深さはどれだけ深くてもよい

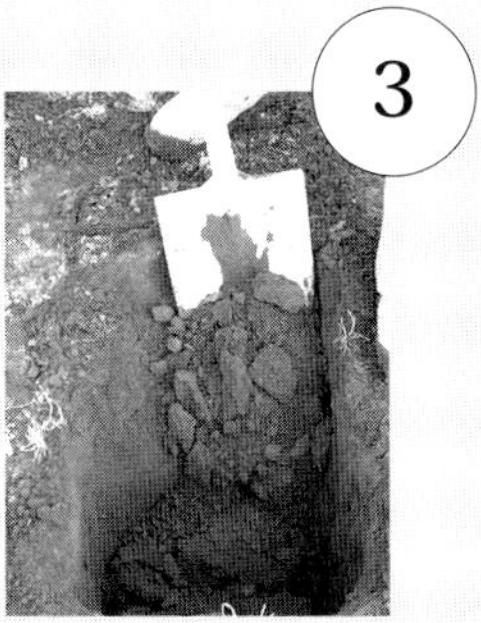

②枠を同様に掘り、掘った土を①枠の穴に入れる

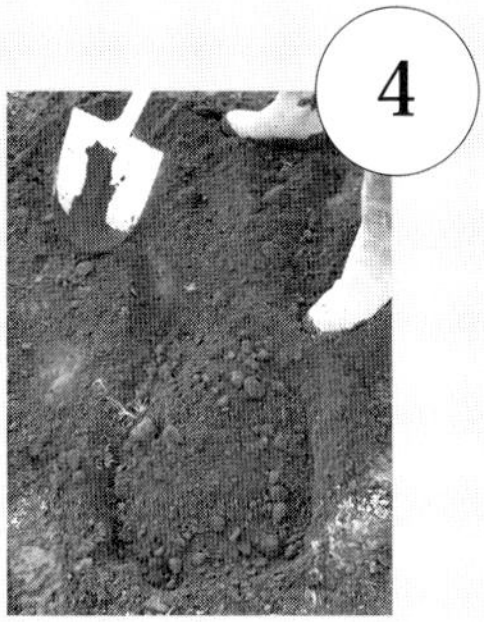

同様に③枠を掘って②の穴に入れ、①枠で出しておいた土は③枠の穴に入れる

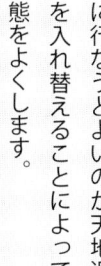

ナス・ピーマン

夏野菜を代表するナスとピーマン。どちらかといえば子どもさんに嫌われがちなピーマンですが、これもゴーヤと同様に、親子で一緒に栽培し、収穫の喜びを味わえば、もしかしたら好き嫌い克服の一助となるかもしれません。家庭菜園の魅力の一つは、実はそんなところにもあるように思います。さあ、家族で小さな畑を楽しみましょう。

ポリフェノールを含むナスの果皮

ナスはさまざまな野菜のなかでも、栄養価を意識することはあまりないかもしれませんね。でも、あのツヤツヤした茄子紺と呼ばれる濃い紫色の果皮は、ナスニンと呼ばれるアントシアニン系色素からなるもので、最近注目されるようになったポリフェノールの一種なんです。これはブルーベリーと同

様に、目にもいい成分なんですよ。

ポリフェノールを含み、しかもさまざまな調理に向く、使い途《みち》の広いナスですが、そのおいしい食べ方の一つにぬか漬けがあります。僕も大好きなんです。おいしさをそそるのは、やはりあのきれいな茄子紺ですよね。

ナスの美しい色を失わないようにぬか漬けを作るには、ぬかの中に鉄クギを入れます。この方法はぬか床をもっているご家庭ならご存じの方も多いことでしょう。若い人にこの方法を話すとびっくりされるんですが、ナスニンやヒアシンなどといった鉄イオン成分が、クギの鉄塩で反応して、果皮が美しく発色するというわけです。昔の人のすばらしい知恵ですね。

僕のおふくろの味

さて、みなさんにとっての「おふくろの味」はなんでしょうか？　お母さんの年代や出身地によって、きっとさまざまなおふくろの味があると思います。僕にとってのおふくろの味もいろいろありますが、その一つが〈蒸しナス〉なんです。

僕が育った頃の故郷・秋田では、ナスといえば丸い形をしたナスが一般的でした。京都の賀茂ナスとは違う種類なのですが、この丸いナスをタテに八等分して蒸し、しょうゆ・にんにく・しょうがなどを合わせたタレにつけて食べます。とても簡単でしょ。タレは、各家庭ごとに割合が違っていたり、異なる調味料が入ったりしていたかもしれません。

ナスやピーマンは夏の旬の時期になると次から次へ、どんどん収穫ができる野菜です。だから夏になると、わが家では毎日毎日〈蒸しナス〉が食卓に出てきちゃう（笑）。

その頃は毎日出てくる〈蒸しナス〉に参りましたが、故郷を離れてみると、今でもたまに食べたくなるんです。僕にとっては懐かしいおふくろの味です。

新鮮なナスを見分けよう

さまざまな野菜のなかでも、鮮度が落ちるのが比較的早い、というのがナスの短所です。では、手に取ったナスが新鮮かどうか、どこで見分ければいいと思いますか？　答えはヘタです。

ヘタと果実との境目のところをよく見てみましょう。そこがまだ白いものが新鮮な証拠。普通はその幅は数ミリ程度ですが、白い部分ができるだけ多いほうが新鮮です。

ナスは一日ごとに成長して大きくなります。白い部分の幅が一日の成長量を表わしていて、その白色は一日たつと紫色に変わっていくのです。

子どもの好き嫌いは無理強いしない

僕には息子が二人いますが、実は次男はナスが嫌いなんです。でも、僕が菜園指導をしているのだから、嫌いな野菜があってはならない、なんてことは少しも思いません。無理に食べさせることもしませんよ。ナス以外の野菜からだって栄養をとることができるのだから、子どもに好き嫌いがあってもあまり気にしないんです。

ピーマンが嫌いな子どもは多いですが、うちの息子たちは、ピーマンを二つに割って中にひき肉を詰めた〈ピーマンの肉詰め〉が大好物。だから夏になるとわが家の食卓にはよく並びます。嫌いな野菜があっても、調理方法を変えれば食べられることもありますよね。

僕にとっての夏野菜のおふくろの味が〈蒸しナス〉なら、将来の息子たちにとってのおふくろの味は〈ピーマンの肉詰め〉になるのかもしれません。

トウガラシ・オクラ

夏の食欲増進に頼もしい力を発揮してくれるトウガラシ。スパイスとして魅力的な野菜ですが、収穫前に咲かせる白い花もかわいらしいので、栽培するならぜひお楽しみに。花の魅力でいえば、黄色やクリーム色のハイビスカスのような花を咲かせるオクラの花も見逃せません。どちらの花も暑い日の菜園作業の疲れをきっと癒してくれることでしょう。

食の細い子どもにオクラごはん

オクラは野菜のなかでは地味な存在かもしれませんね。しかしながら、オクラを軽んじるなかれ！結構頼りがいのある野菜なんですよ。

オクラにはネバネバ物質がありますが、これはムチンという物質で、糖とタンパク質が結合したもの

です。オクラだけでなくヤマトイモやサトイモ、モロヘイヤなどのネバネバもムチンによるものです。

さて、ではそのムチンを含むオクラがなぜ僕にとって頼りがいがある野菜か、お話ししましょう。

オクラの実は一日に一センチずつ大きくなります。実ってからだいたい一週間後くらいが収穫の目安で、そのときのオクラは七センチくらいになっているはずです。それを過ぎると食べられなくなりますから、実がついてからは収穫日を覚えておく必要があります。

あるとき、目安通りに僕がオクラの収穫をしていると、幼稚園児だった二男がそばに来ました。「お父さん、何やってるの？」と聞くので「オクラを取ってるんだよ」と答えると「ボクも取る」と言うんです。「これくらいの大きさのものだけ、取るんだよ」と、手で七センチくらいの大きさを教えました。

親子で収穫して家にもち帰り、茹でて刻んでいると「ネバネバしてきたね、納豆みたいだね」と二男は興味津々です。「じゃあ納豆と一緒に混ぜてみようか」と言って納豆とオクラを混ぜたものをご飯にかけて食べさせました。

オクラの味は少し青臭みがあって、どちらかというと大人の味だと思うのですが、二男は「おいしい、おいしい」と、オクラ納豆をかけたご飯をモリモリ食べるのです。今まで食が細かった二男とは思えないほどの食欲でびっくりしました。

以来、二男は大のオクラ好き。それからはオクラがあればご飯をしっかり食べるようになって、ぐんぐん成長しました。もう高校生ですがすでに僕の体格に近いくらいです。

疲れやすい人や風邪をひきやすい人、お酒などで胃の粘膜が弱くなっている人にも、ムチンは効果があるようですよ。あ、そういえば僕も昨夜のお酒が……。さっそくオクラを食べなきゃ(笑)。

オクラはアフリカでは保存食

オクラの故郷はアフリカです。高温性のため暑さにはとても強く、タネまきも植え付けも、外気温が十分に暖かくなってから行ないます。一年草なので日本ではせいぜい一メートル五〇センチくらいまで成長し、冬が来れば成長が止まってしまいますが、アフリカではなんと四～五メートルもの木になるそうです。

日本のような寒さにならないアフリカでは、オクラはどんどん収穫できるため、大量に収穫して乾燥させ、保存食にもなっているのだとか。同じ野菜でもお国が違うと利用の仕方もさまざまなんですね。

トウガラシ、どれが辛いかわかるかな？

トウガラシは、その辛み成分のカプサイシンが消化をよくし、食欲を増進させたり血行をよくしたりする働きが知られており、コショウ、マスタードとともに世界三大香辛料の一つといわれ（コショウ、クローブ、ナツメグという説などもあります）、古くから各国で親しまれています。トウガラシのなかには、とびぬけて辛いものや、それほど辛くないものなど、いろいろな種類があるのも特徴です。

僕がときどき講師をしている「世界一受けたい授業」というテレビのバラエティー番組で、あるときトウガラシを取り上げたことがあって、書籍や雑誌連載のためにさまざまな野菜を作っているガーデンで、ピーマンなども含めて五〇種類以上ものトウガラシを栽培したことがあります。

収録では、収穫したいろいろな種類のトウガラシを紹介することになり、カメラに向かって「これは辛いんですよー」とか「これはおいしいんです」などと言いながらちょっとかじってみたりしていました。

そして四種類目くらいだったか、「これは一見辛そうに見えるけれど、実は辛くないんですねー」などと言いながら、かじった瞬間、私の口の中はまるで火を噴きそうな状況に。「間違ったー！」と言いたいところですが、あまりの辛さに言葉も出ません。後日オンエアされた放送を見たら、私の口からまるでゴジラのような「ゴォォォーッ」という効果音が聞こえてきましたよ(笑)。いやー、ホントに参りました。あれはハバネロと同じくらい辛かったです。

みなさんも、栽培する際には辛いものと辛くないものは収穫の際に間違えないようにしましょうね！

皮膚の弱い人は激辛トウガラシに注意！

トウガラシに含まれる辛み成分のカプサイシンは、脳の中枢神経を刺激してエネルギー代謝を促すといわれ、血行をよくする効果や、消化を助けて食欲を増進させる効果も注目されています。また、意外と知られていないかもしれませんが、トウガラシはカロテンやビタミンCも豊富に含んでいるのです。

うれしい要素が多いトウガラシですが、気をつけていただきたいのは皮膚が弱い方。トウガラシの辛み成分はタネにも含まれていて、人によっては触っただけでも皮膚が炎症を起こす場合があります。皮膚の弱い人は、激辛品種のトウガラシは素手で触らないように注意しましょう。

ニンジン・モロヘイヤ

緑黄色野菜は体にいい……とわかっていても、野菜嫌いの人の多くに特に苦手とされるのが、色の濃い野菜ではないでしょうか。ニンジンもモロヘイヤも、どちらもしっかりと色の濃い野菜、そしてしっかりと栄養になってくれる野菜です。家庭菜園で育つ過程を見ていれば、ニンジン嫌いの子どもさんもきっと口に運んでくれるはず。収穫したてのニンジンは、葉までおいしく食べられます。滋味豊かな味わいを、ぜひ楽しんでください。

菜園で育てたニンジンは葉まで食べたい

春が近づいてくると、花粉症に悩まされる方が少なくないですね。僕は大学の授業とは別に、長年、家庭菜園の教室でたくさんの方に指導させていただいていますが、ある年の生徒さんのなかに、花粉

症で長い間つらい思いをしている方がいらっしゃいました。ところがその女性が家庭菜園を始めてみると、なんと花粉症がけろりと治ったというのです。

話をうかがい、花粉症が治った要因の一つとして、収穫したニンジンを葉まで食べるようになったからではないか、ということに思い至りました。

ニンジンは、通常食べている本体は葉より五倍も多くビタミンA（カロテン）を含みますが、ビタミンA以外では、本体よりも葉のほうが、栄養が豊富です。僕は専門家ではありませんが、これが花粉症になんらかの効果があったのではないかと思っています。

花粉症が治った要因としてもう一つ、菜園の作業で土に触れる機会が多くなったことも関係があるのかもしれません。土いじりは実際に園芸療法として、さまざまな疾患の治療に役立てられるよう、研究が行なわれています。もしかしたら花粉症にも、なんらかのよい影響があったのではないでしょうか。

花粉症が治った生徒さんが食べたというニンジンの葉は、昭和三十年代頃までは、栽培過程で間引いた葉を「人参菜」と呼び、売られていたそうです。今では八百屋さんでもスーパーの野菜売り場でも、葉のついたニンジンなど見ることはできなくなりました。でも、家庭菜園なら間引き菜も含めて、ニンジンの葉は簡単に手に入ります。

さっと茹でてゴマ和えにしてもいいですし、パリっと揚げていただくのもおいしいですよ。花粉症の方もそうでない方も、ニンジンの栽培を始めたら、ぜひお試しあれ。

ニンジンの断面でウンチクを語る

ニンジンを輪切りにすると、中央部分には黄色い輪がありますね。この黄色い輪はなんのためにあるのかと考えたことがありますか？　まあ、普通は料理しながらそんなこと考えないですよね（笑）。

植物の根には、水や養分の通り道である導管と呼ばれる部分があります。つまりパイプです。これを維管束といいますが、その部分を形成層と呼んでいます。樹木でいえば、年輪となる部分です。

この形成層の内側（輪切りの中央に近い部分）を木部といい、ダイコン、カブ、ゴボウなどは、この木部が肥大する野菜です。これに対して、形成層の外側（輪切りの外側に近い部分）を師部といい、ニンジンなどのセリ科の野菜はこの師部が肥大する野菜です。

このため、ニンジンとダイコンとでは、輪切りにしたときに切り口から見える形のパターンが異なるのです。根の肥大のパターンは、このほかビート型と呼ばれるタイプもあって、形成層が同心円状にできます。今度ニンジンやダイコンを輪切りにしたら、ぜひじっくり観察してみてください。

木部肥大か師部肥大かなんて、こんな話は知っても知らなくてもいいことですが、スティックサラダをかじりながら、ちょっとウンチクを語りたい方は、ネタとして仕入れておいて損はないですよ。

モロヘイヤはクレオパトラも食べたかも!?

夏の野菜モロヘイヤは、日本では一九八〇年代に作られるようになり、急速に普及した野菜です。日本では比較的新しい野菜ですが、モロヘイヤの呼称は、古代エジプト語の「ムルキーヤ」という言葉から、モロヘイヤと呼ばれるようになったのだとか。かのクレオパトラも食べていたといわれるほど、栽培の歴史が古い野菜なのです。

日本でこれほど急速に普及した理由は、カルシウムやカロテンを多く含み、その他各種ビタミン、カリウム、鉄分も豊富に含んでいる健康野菜だということ。さらに、葉もの野菜が少なくなる夏が旬だという点が注目されたのだと思います。

栽培すれば旬の時期には毎日収穫できるモロヘイヤ。今年は菜園で栽培して、夏バテ防止に役立ててみてはいかがでしょう。

長ネギ・シュンギク

鍋物には欠かせない長ネギとシュンギク。長ネギの苗の夏植えは七月から八月にかけて、シュンギクのタネの秋まきは気温の中間地では九月頃からが適期です。暑さきびしい時期に鍋物を思い浮かべるのは少しつらいですが、適期に行なってこそ美味しい野菜が収穫できるというもの。特に菜園初心者の方が長ネギを作る場合は、春植えより夏植えが作りやすいのでおすすめです。

すき焼きは牛肉より長ネギを楽しむ？

群馬県の下仁田は長ネギの名産地。以前、ある雑誌の取材で、下仁田のネギ畑を見学に行ったことがあります。一通り見学し終わると、よい具合にお昼時。同行した人たちと駅前のちょっと古そうな旅館に入りました。

やがて注文したすき焼きの材料が運ばれてきて、さっき見た下仁田ネギもたくさんテーブルに並びました。そして、僕の目の前にはおいしそうな上州牛が大皿に広がっています。

さっそく宿のお嬢さん（十分に大人になっているお嬢さんでしたが）が、目の前ですき焼きを作り始めてくれました。まずは牛脂を鍋に引きます。

野菜栽培を専門にしながら、何を隠そう僕は大の肉好き。牛脂の匂いが漂ってくるだけでもうたまりません！「あぁ、いい匂いだねぇ～」と、当然次に焼かれるはずの上州牛に、目は釘づけです。するとそのお嬢さん、何を思ったか上州牛には目もくれず、おもむろに下仁田ネギを鍋に並べ始めました。おいおい、ちょっとちょっとぉ～……、僕はあわてました。だって「牛脂を引いたら、次は肉でしょう？」。

ところがそのお嬢さんは少しもあわてません。何も言わず、ただ黙ってネギを裏返しています。そこへ、ぷう～んとネギを焼いたときのよい香りが漂ってきました。それは今までに経験したことがないくらい、よい香りです。

同行していた編集者が「下仁田ネギの香りっていいですね」と言うと、ネギを焼いていたお嬢さんは、そこで初めてニコッと笑顔になって言いました。「下仁田ネギの香り、楽しんでいただけましたでしょうか」。やられましたね。僕はそこで思わず拍手をしてしまいました。それは本当によい香りでした。もちろん香りだけでなく、ネギは想像以上のおいしさでした……がしかし、それでも肉好きの僕は、まだ鼻腔に残っている牛脂の匂いが忘れられません。その後ようやく焼かれた上州牛に、大満足の舌鼓を打ったというわけです。

それにしても、肉より先にネギを楽しむとは……。下仁田の人は牛肉と同じ、いや、牛肉以上にネギに愛情をもっているのだな、とあらためて実感した取材旅行でした。

シュンギクは観賞用か食用か

日本人の私たちにとってシュンギクといえば、鍋物に欠かせない野菜の一つ。ゴマ和えなどの和え物にも好まれる野菜ですね。ところがこのシュンギク、ヨーロッパ原産ながら、日本を含む東アジア以外では「野菜」として利用されることはありません。キクですから、もっぱら花を楽しむ観賞用の植物と考えられているのです。

野菜として見ている私たちは、シュンギクにどんな花が咲くのかなんて、普通はあまり考えません。でも家庭菜園で栽培してみると、シュンギクに限らず、さまざまな野菜の花を見る機会に恵まれることがあります。シュンギクの花はマーガレットに代表されるようなキク科のシンプルな花で、黄色い可憐な姿をしています。

私たちが食用とする葉は、葉の切れ込みの多さによって、三つの種類に大別することができます。切れ込みが少ないのが大葉種、やや多めの中葉種、切れ込みが細かい小葉種。苦みが少なくクセもない大葉種はサラダにも利用しやすく、主に関西地方以西で多く利用され、中葉種は全国的に利用される傾向があるようです。

家庭菜園で作るのはどちらの品種でもよいと思います。収穫時期になったら、最初は葉の部分だけの摘み取りを繰り返し、株がある程度大きくなったら、株ごと抜き取るようにすると、長い期間、収穫を楽しむことができます。そして、一部の株を翌年の春まで残しておけば、四月頃には可憐な花を楽しめるでしょう。

野菜の色で栄養を知る

〝緑黄色野菜〟という言葉は、もうみなさんよくご存じですね。そう、緑や黄色が濃くてカロテン含有量が高い野菜です。

緑色の濃い野菜に含まれるのはクロロフィル系の色素で、これを含む代表的な野菜がホウレンソウやコマツナ、ブロッコリーなどです。そのほかチンゲンサイなどもクロロフィル系の色素を含む緑黄色野菜。これらはカロチンを豊富に含んでいます。

こうした緑黄色野菜とともに、赤系の色をした野菜も栄養豊富なものがいろいろあります。ナスの赤紫はアントシアニン系の色素。ブドウやブルーベリーの紫や赤紫も同じようにアントシアニン系の色素です。

最近はこの色素が目によい、ということもよく知られるようになりましたね。ブルーベリーを食べると目の網膜によいといわれています。これはアントシアニンが眼球の中の網膜にあるロドプシンという物質の合成を活発化させるからなのです。

オレンジ色や黄色の野菜に含まれるのは、カロテン系の色素。ニンジンやトマト、パプリカ（カラーピーマン）などがカロテンを多く含みます。

こうしてみると、野菜の色はとても美しいですね。それぞれの色ごとに栄養も豊富ですが、見ているだけでなんだか元気が出てくるような気がしませんか。

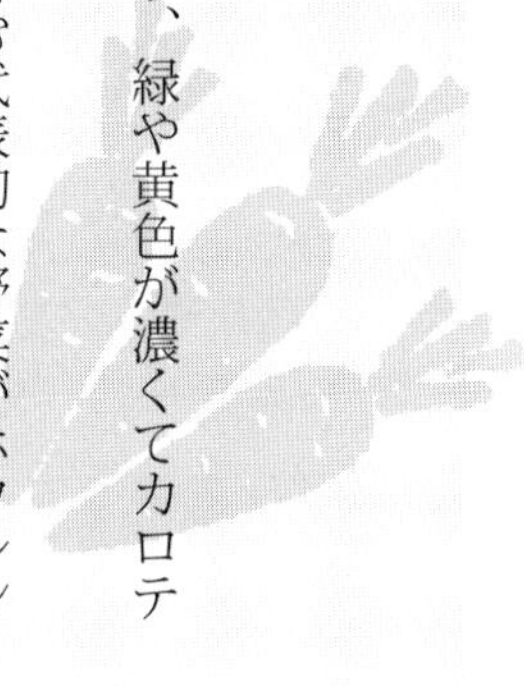

ニラ・クウシンサイ

菜園で育てた野菜は、家族にもたくさん食べてほしいですね。サラダや煮物などの野菜はあまり好まない子どもも、中華料理ならどうでしょう。日頃は野菜嫌いでも意外ともりもり食べてくれるのではないでしょうか。中華メニューに大活躍する「ニラ」と「クウシンサイ」は栄養価も高く、栽培が難しくないので家庭菜園の初心者にもおすすめです。

中国野菜を楽しもう

最近はさまざまな西洋野菜が八百屋やスーパーの売り場に並ぶようになりました。同じように、少し前まではあまり馴染みがなかった中国野菜も、いろいろな種類のものが出回っていますね。

例えばチンゲンサイ、ターサイ、ツルムラサキ、そしてクウシンサイなどは、すでに食卓にもしばし

ば登場しているのではないでしょうか。これらの野菜は昭和五十年代の初めから、日本で広く栽培されるようになりました。どの野菜も最初はなかなか受け入れられなかったようですが、味にくせがなく、料理に幅広く使え、しかも栽培しやすくてすぐに育つといった特徴が、次第に支持されてきたのではないかと思います。

中国野菜といっても、実はこれらは中国原産の野菜ではありません。その多くはヨーロッパ原産の、アブラナ科の葉もの野菜です。それが中国に渡って改良され、今は日本でも中国野菜として親しまれているのです。

中国は国土が広く人口も多い国です。長い歴史の中ではたびたび王朝も変わりました。そのときどきの王朝を構成する民族の嗜好に応じたであろうことを思えば、西洋からのさまざまな野菜が中国で受け入れられ、改良されていったこともうなずけます。

中国野菜は全般に、暑さに強いという特徴があります。ここ数年、日本の夏は非常に暑くなっていますが、地球温暖化が問題視されるなか、暑さに強い中国野菜は、現在の日本の風土でも栽培しやすい野菜といえます。

今後もさらに新しい中国系の野菜が日本に紹介されるかもしれません。どんな野菜が注目されるようになるか楽しみですね。

追肥をしてニラを元気に育てよう

中国野菜の多くがヨーロッパ原産というお話をしましたが、日本でも古くから馴染みのあるニラは中国原産の野菜です。特有の香りがあるため好き嫌いがあるかと思いますが、嫌っていてはもったいないほど栄養豊富なスタミナ野菜ですね。

その内容は、カロテン、ビタミン類、カルシウムなどで、香りの元はアリシン（硫化アリル）です。アリシンはビタミンB_1の吸収をよくするといわれ、ビタミンB群が豊富なレバーとの相性は抜群ですから、ニラレバ炒めはよくできたメニューといえます。

暑さに強く、春から夏にかけてどんどん成育します。植え付けた年は株がまだ若いため、多く収穫することはできませんが、二年目以降になると年に数回収穫することができます。ニラを収穫するときには株元から三～四センチ残して切り取り、その直後に次の収穫のために肥料をまいておきます。

なお、ハナニラといって、とう（花茎）を食べることができますが、ハナニラの葉は食用に適しませんので覚えておきましょう。

教えて！ 藤田先生

Q. 毎年夏にエダマメを作っていますが、虫が入ってしまったり、肥料をやったときに木が大きくなってマメがつかなかったりで、思うようにできません。

A. 虫が入ってしまうことで実ができなくなり、そのために木が大きくなってしまうからです。葉の光合成によってできた産物は、マメに送られることを希望します。しかし、そのマメが害虫にやられてしまっているため、その産物はもう一度枝葉に戻ってしまい、体が(木が) 大きくなってしまうのです。これが、マメが害虫にやられた後に起こる「つるボケ」という現象で、マメが収穫できない原因です。つるボケを防ぐには花の咲く時期に虫に注意すること。特にカメムシには要注意で、農薬や防虫ネットなどで害虫防除を行なうことが大事です。

Q. カボチャとトウガンを栽培していますが、収穫時期がわかりません。昨年は収穫するのが早すぎ、一昨年は遅すぎたようです。それぞれ交配してから何日目で収穫すればよいのでしょうか。また、水やりや施肥についても教えてください。

A. カボチャの収穫適期は、開花後 35～ 45日くらいです。トウガンは開花後 25～ 30日程度で収穫する若どりから、開花後 45～ 50日で収穫する遅どりまであります。どちらも水やりは定植するとき以外はしませんが、乾きが続いたときは水やりすると効果があります。肥料は２週間に１回の割合で、化成肥料を１㎡あたり 30gほどやります。

サニーレタス・サンチュ

菜園活動が少しつらくなる冬が過ぎ、明るい春の訪れを感じたら、春の畑で何を育てようか、としだいに心ははずみます。まずはサラダ野菜の準備をしませんか。サラダといえば、やはり王道のレタス。サニーレタスとサンチュはいかがでしょう。焼き肉との組み合わせが絶品のサンチュは、アクが少ないのでサラダにしてもおいしく食べられます。たっぷり収穫できたら、さあ、サラダ祭りの始まりです！

甘くてほろ苦いサラダの思い出

それは僕が二十九歳の夏のことです。その頃からつきあい始めた彼女と、初めてデートに出かけることになりました。目的地は神奈川県の真鶴海岸。心ウキウキ、幸せな気持ちで到着し、そろそろお昼が近かったので、「メシに行こうか」と彼女を食

事に誘いました。すると彼女がなんと、「お弁当を作ってきた」と言うのです。うれしいですねぇ、初デートに彼女がお弁当を作ってきてくれるなんて！　さっそく僕は、まずサラダに手を伸ばしました。お弁当なのに、そのときのサニーレタスはくたっとせずに、シャキッとした歯触り。彼女もなかなかやるものだ、と思いながら次にニンジンをつまんで口に入れました。すると……コリッ、ゴリッ、ゴリゴリッ……。そのほかのおかずも、まあなんというか(笑)。

つまり……、その日の僕は彼女のお手製のサラダを、ニンジンの硬さとともに、甘〜く幸せな気持ちで味わったわけであります。そしてデートの帰り道、僕は彼女を傷つけないように、やさしく言いました。「お弁当はもういいからね」と。

あのサラダを思えば妻の料理は今、すばらしくうまくなりました。そう、あのときの彼女がその後結婚した僕の妻です。

あれ以来妻は料理を勉強したようで、今では野菜はもちろん、なんでもうまく調理します。ニンジンがゴリッ、なんていうこともうありません。初デートのサラダは僕にとって、今となっては懐かしい思い出です。

レタスは高温・長日を避けて栽培しよう

サニーレタスとサンチュは、菜園初心者にとって栽培しやすい野菜です。ところがときどき栽培している人から、「失敗してしまった」という声を聞くことがあります。その多くの原因は「トウ立ち」です。

レタスは高温条件と長日条件がそろったときに、特にトウ立ちしやすくなります。

つまり、真夏はトウ立ちが起こりやすいため、レタスの栽培時期ではない、ということです。

ところが真夏でもない低温条件下でも、長日になることによってトウ立ちする場合があります。その典型的な例が、夜遅くまで営業しているホームセンターなどで販売されている苗です。夜になっても店内が煌々《こうこう》と明るく照らされている状況は、苗にとっては決してよい条件とはいえず、確実にトウ立ちの原因となります。

当然これは、自宅で栽培するときにも注意すべき点です。庭などで栽培している場合、夜ベランダに立ち、そこからレタスが確認できるくらいの明るさがあるだけで、レタスにとっては長日の条件下に入ってしまいます。庭に外灯などがある場合は、その明かりがレタスに当たらない場所を選んで栽培することが大事です。

切り口の乳液はふき取ること

サンチュは、収穫の際に外側から葉をかきとって食べることから「カキチシャ」、あるいは、焼き肉を包んで食べることから「包菜《つつみな》」とも呼ばれます。カキチシャのチシャとは、「乳草」のことで、収穫するときに切り取ると、その切り口から白い乳液が出ることにちなんでいます。Lactuca（ラクツカ）という学名のLacも乳を意味しています。

この乳液は、切り取った際にそのままにしておくと、切り口以外の葉について、その部分が茶色く変色してしまいます。そのためレタス農家では、収穫したレタスは、一つ一つ丁寧に切り口をふいて出荷を行なっているのです。

家庭菜園で収穫したレタスも、切り口を丁寧にふき取るようにしましょう。

収穫の日はお肉を買って

サニーレタスとサンチュは、最も手軽に栽培できる野菜。手軽なうえ、この二つとワケギは、植え付けから一か月で収穫できるのが大きな魅力で、家庭菜園初心者にはおすすめの野菜です。

サラダもいいですが、お肉ファンの方は、今日あたりはそろそろ収穫かなという日、まずはお肉を買ってきましょう。そしてお肉を焼く直前に、ベランダのプランターや庭から収穫をしてきて、さっと水洗いしておきます。お肉がいい具合に焼けたら、収穫したてのサニーレタスやサンチュで包んでパクリといただきます。

そのあまりのおいしさに、あなたは思わず言うでしょう。「サンチュウ！」……おっと、すみません！いつものおやじギャグ、またやっちゃいました(笑)。

インゲン・カリフラワー

みずみずしさを味わう生野菜サラダもいいですが、春とはいえまだ寒い季節なら、茹でたての温野菜サラダもいいですね。インゲンやカリフラワーは、茹でた野菜の甘みが楽しめる温野菜サラダにぴったり。もちろんサラダだけでなく、シチューやグラタンなど、体を温める冬のメニューには、どちらも大活躍することでしょう。

色とりどりのカリフラワー

カリフラワーは、形が似ていることから想像がつくように、ブロッコリーとは兄弟関係。どちらもキャベツの仲間で、花蕾《からい》と呼ぶ花の蕾《つぼみ》を食用にする野菜です。八百屋さんやスーパーなどで、黄色っぽい花が咲きかけになったブロッコリーを見たことがおありだと思いますが、ブロッコリーよりもカリフ

ラワーのほうが蕾がギュッと硬く締まっているので、そこから花が咲くというのは、なかなかイメージしにくいかもしれませんね。

カリフラワーには色の違いで見分けられる品種がいくつかあります。白くて小さめなのは「美星」、白くて大きいのは「スノークラウン」、オレンジ色の「オレンジブーケ」、紫色の「バイオレットクイン」、ほかにもサンゴ礁のような緑色をしたものなどもあります。

並べてみればそれらの見事な色の種類や、野菜の造形美ともいえそうな独特の姿に、カリフラワーという野菜の華やかさを感じますね。こんなにいろいろあるなかで一番おいしいカリフラワーはどれか、ということになると……やはり僕は白いカリフラワーだと思います。

では、カリフラワーの花蕾はそのままにしておくとどのように成長するでしょう？　なんと、しだいにブロッコリーのように緑色に変わっていくんですよ。おもしろいですね。

菜園初心者には蔓《つる》なしインゲンがおすすめ

インゲンには「蔓ありインゲン」と「蔓なしインゲン」の二種類があります。蔓あり種は収穫期限が二か月以上に及ぶため、その間の管理に手間がかかるので、家庭菜園では中級者向けとされています。一方、蔓なし種は収穫期限が一か月ほどで終わるので管理が楽。また、名前からもわかるように蔓なし種は蔓がありませんから、支柱を立てる必要もありません。家庭菜園の初心者の方には、この蔓なし種がおすすめです。

インゲンにはこのほかに、平鞘《ひらざや》と呼ばれる鞘が平たい種類もあります。モロッコインゲンと呼ばれているもので、結構大きなインゲンです。

地方に行くと紫色のインゲンなども見ることができます。僕が実際に見たことがあるのは福島県の山沿いの地方ですが、この紫色のインゲンはタネが一般的には売られていません。江戸時代頃から地元だけでタネを採りながら、現代まで引き継がれてきたという、とても希少な品種でした。

特定の地域だけで引き継がれながら、栽培が続いている野菜。これからもずっと大切に守っていってほしいですね。

教えて！　藤田先生

わが家の菜園はブロック塀に囲まれていて風通しが悪く、野菜作りが大変ですが、自分で作った野菜を収穫して食べられるのが楽しみで、頑張って栽培しています。そこで二つ質問です。

Q1. わが家のような日当たりの悪い菜園での土作りはどうしたらよいでしょうか。

A. ブロック塀に囲まれた菜園の場合は、堆肥などを多く施します。苦土石灰を1㎡あたり 100～ 150ｇ施してよく耕し、堆肥を 1㎡あたり３～４ kg、化成肥料を 1㎡あたり 100ｇを施してよく耕します。さらに水はけをよくするために、畝《うね》を少し高めにするのがコツです。

Q2. 隣の家が近いため、日当たりが十分ではありません。太陽と植える位置の関係などについてアドバイスをお願いします。

A. 方法は二つあります。一つは、太陽が当たるいちばん手前から背の低い野菜、中くらいの野菜、一番奥に背の高くなる野菜を植えます。もう一つの方法は日当たりのよい場所から順に、日当たりのよい場所に適した野菜、日当たりがやや不良でもよい野菜、日当たりが不良でも大丈夫な野菜を植える方法です。
【例】
日当たりがよい場所……トマト・キュウリ・ナス
日当たりがやや不良な場所……シュンギク・サトイモ・ホウレンソウ
日当たりが不良な場所……ショウガ・ミツバなど

カボチャ・ズッキーニ

緑黄色野菜が体によいことはすでに多くの方がご存じですね。カロテン、カリウム、ビタミン類、カルシウム、鉄分などを豊富に含むカボチャは、その緑黄色野菜の代表格です。カボチャは和風の煮物だけでなく、その甘みを生かしてスイーツも楽しめますね。ぜひ菜園で育てて、自然の甘みをたっぷり楽しんでください。

乾燥ズッキーニはいかが

カボチャは、雄花と雌花に別れる雌雄異花のウリ科の野菜で、大きく分けると西洋カボチャ、日本カボチャ、ペポカボチャの三つの種類があります。

西洋カボチャは一般的に知られる、いわゆる栗カボチャ。煮ものなどにするとほくほくとしたおいしい実がなり、栽培も難しくないため、広く栽培され

ています。

日本カボチャは比較的小ぶりのカボチャ。最近は日本でもあまり作られなくなってしまいましたが、近畿以西では作られているようで、ねっちりとした実に特徴があります。

ペポカボチャという名はあまり聞いたことがないかもしれませんが、ズッキーニがこのペポカボチャの仲間です。ほかには実がそうめんのようになっていることから、そうめんカボチャなどと呼ばれるキンシウリ(金糸瓜)や、おもしろい形が特徴の、おもちゃカボチャなども、このペポカボチャの仲間です。

ズッキーニはイタリア語に由来し、「小さなカボチャ」を意味します。日本語では「蔓なしカボチャ」で、見た目はキュウリでも味はナス。カロテンやビタミンCが豊富な野菜です。イタリアを故郷にもつイメージがありますが、原産地はアメリカ大陸。一四九二年にコロンブスがアメリカ大陸を発見した後に、ヨーロッパやアジアに広がったと考えられています。

イタリアをはじめとするヨーロッパでさかんに生産され、ヨーロッパでは煮たり炒めたりする食べ方がよく知られています。もちろん日本でもそうした調理法で好まれていますが、お隣の国韓国では乾燥野菜にして用いることが多いようです。

乾燥ズッキーニの調理の仕方は僕はよくわかりませんが、乾燥させた野菜は保存野菜としてとても便利です。家庭菜園でたくさん収穫できたら、みなさんも乾燥ズッキーニを試してみてはいかがでしょう。

カボチャは受粉から四〇日後に収穫を

カボチャは、いずれも人工授粉をしてからおよそ四〇日後くらいが食べ頃です。受粉から二五日後くらいになると、一見収穫時かと思えるようになりますが、この時点で収穫するとまだ果肉が薄く、煮ると煮崩れしてしまいます。

受粉から四〇日たつと、ヘタの部分が枯れて茶色くなってきます。菜園で栽培したときはこれが収穫の目安です。これを覚えておいて、スーパーでカボチャを買うときもヘタの部分を確認し、よく枯れているものを選ぶとよいでしょう。

教えて！　藤田先生

Q. イチゴの株について質問します。今年、収穫した株から伸びたつるの先に、新しい株ができました。その新しい株を新たに育てればよいそうですが、元の株はどうすればいいのでしょうか。そのままにしておいてよいですか？　それとも引き抜いたほうがよいのでしょうか。

A. イチゴは毎年株を新しくするのが一般的な育て方です。毎年親株を残して、その親株にイチゴの実をつけておくと、イチゴの実はなりますが、その実は小さくなることが知られています。ですから、イチゴの株は3～4年を一つのサイクルとして、毎年新しい株を育て、古い元の株は引き抜いて枯らせるとよいでしょう。

Q. プランターでキュウリを２株育てています。今まで立派なキュウリが4本収穫できたのですが、その後できた小さなキュウリが枯れてしまいます。何が足りないのでしょうか？　教えてください。

A. 一つには肥料の問題があります。追肥です。プランターで４本までは肥料を施さなくてもだいたい収穫できますが、追肥をしないと栄養分が足らず、実ができなくなってしまいます。ご質問の「何が足りないか」というのは、おそらく２週間に１回の追肥が足りないと考えられます。植え付けてから２週間ごとに、肥料を 20ｇくらい追肥していくことが必要です。また、水やりの不足も考えられます。水は土が乾いたらたっぷりと与えるとよいでしょう。

教えて！ 藤田先生

Q. メークインを植えてみました。６月に花が咲き収穫時期を迎えると、茎にミニトマトのかたまりがぶどうの房のようについていて、びっくりしました。なぜジャガイモにトマトがついたのか不思議でなりません。教えてください。

Q. 野菜を作って40年になりますが、今年初めてベニアカリという赤いジャガイモを植えました。すると紫色の花の後でミニトマトそっくりな実がたくさんつきました。切ってみてもまさにミニトマトです。

A. そうですか、ジャガイモにトマトができましたか……。第３章のコマツナ・ジャガイモの項目でもご説明しますが、それではリクエストにお応えして回答します。

残念ながらジャガイモからトマトはできません。ジャガイモもトマトも同じナス科なので、実は驚くほど似ているのです。一般的に本州ではジャガイモに実がなることはあまりなく、気候が冷涼な北海道では実がなることがよくあります。そのため本州で実がなるということはその年は冷害が予想される、ということでもあります。ただし、たくさんあるジャガイモの品種のなかでも「インカのめざめ」や「キタアカリ」は実がなりやすい品種ですので、これらを栽培していて実がなっても必ずしも冷害ということはありません。

ジャガイモの実が食べられるのかどうかは、気になるところですが、実はジャガイモの芽と同じようにソラニンという毒物を含むため、食べることはできません。誤って食べた場合は、下痢や嘔吐、意識障害までも引き起こすことがありますから、子どもさんなどが間違って食べないように気をつけてください。

第2章 栽培実践・春夏スタート編

病気になったり、害虫が発生しやすくなったりします。また、同じ仲間の野菜を同じ場所で続けて栽培すると、生育不良などの連作障害を起こすこともあります。

同じ仲間を知る手だては、「ウリ科」「ナス科」など、生物を分類する「科」を調べます。タネ袋にも記されていますので、事前に確認してください。同じ場所で同じ科の野菜を続けて育てないよう注意し、その場所に何をどのように育てるか参考書などを見ながら、必ず菜園計画を立てましょう。

畑ファッションも楽しい

畑では熱中症予防や紫外線対策として帽子は必需品。ケガや手荒れ防止のための作業用グローブや、できれば足元も作業用ブーツ(いわゆる長靴ですね)があると便利です。そしてやはりケガ予防と紫外線防止のため、長袖・長ズボンスタイルがおすすめです。

農具の使い方を覚えよう

畑で最もよく使う道具がクワやレーキです。土を平らにならすレーキは、掃くように軽く動かして使います。

クワは野菜作りの必需品で、うまく使いこなせるようになると、作業の効率もよくなります。もち方は柄の中央と端をしっかりもちましょう。刃の重みを利用して小さな振り子運動のようにリズミカルに振り下ろしていくのがコツで、大きく振りかぶる使い方はおすすめできません。

耕すときには、少しずつ上下に動かして、深く掘り起こしながら前進していきます。畝を立てるときには周囲の土をもち上げて、畝側に下ろします。

家庭菜園を始める前に

道具をそろえる

家庭菜園は市民農園などを借りる方法もありますが、庭の小さなスペースでも畑にすることは可能です。ただし、夜間に灯りが当たらない場所を選ぶようにしましょう。

場所の確保ができたら、次は道具をそろえます。最小限必要なのは、土を耕すときの必需品「クワ」、畝の表面を平らにならすときに必要な「レーキ」、苗を植え付けるときに穴を掘ったりポットに土を入れたりするときに使う「移植ゴテ」。このほか、支柱、ヒモ類、ジョウロ、園芸バサミ、堆肥や石灰をまくための洗面器などが必要になります。

タネや苗、基本的な資材を入手する

土作りに必要な資材は、土の酸度を調整する「石灰」、土をふかふかにする「堆肥」、土に栄養を与える「肥料」です。それぞれ種類がいろいろあり、目的によって使い方や使う分量などが異なります。タネや苗だけでなく、これらの基本的な資材は、この本とともに野菜作りの本などを参考にしながら使いましょう。タネや苗、石灰や肥料などの資材、道具類は、園芸店やガーデンセンターなどで購入できますし、通信販売でも入手できます。

菜園計画を立てる

タネや苗は高価なものではありません。そのため何も決めずに園芸店に行くと、あれもこれもと欲しくなって買い集め、それが失敗の原因となってしまうことがあります。

タネは小さくても、成長すれば混み合って、生育に影響するだけでなく、

ステップ1

土作り

野菜を育てるための大切な作業の一つが土作りです。水はけよく、通気性よく、土の酸度が適切で、肥料が豊富に含まれ、害虫が少ない、などがよい土です。野菜をおいしく育てるふかふかの土作りをしましょう。

畝を立てる場所全体に、1㎡あたり100～200gの苦土石灰をまく

石灰と土がよくなじむように、ていねいに耕す

レーキで平らにならし、1週間寝かせる

完熟した牛ふん堆肥を、1㎡あたり2kgを全体にまき、原則として1週間おく（堆肥に臭いがある場合は2週間おく）

原則として1週間おいたら、よく耕し、平らにならす

⑤の作業中に、余分な根っこやゴミがあれば取り除いておく

ステップ2

畝作り

タネをまいたり苗を植え付けるために、土を少し盛り上げて、一段高い場所を作ります。これが畝です。畝を作ることを、畝を立てるといい、これによって水はけをよくし、畑と通路の区別もつきやすくなります。

1

ヒモと４本の支柱を用意し、畝の長さと幅を決めて、その四隅に支柱をたて、両サイドにヒモをピンと張る

2

牛ふん堆肥を1㎡あたり2kg、畝に全面散布する

3

化成肥料を1㎡あたり100gまく

4

よく耕して平らにならす

5

四辺の外側の土を内側に積んでいき、高さ10cmほどの畝（平畝）を作る

6

レーキを使って平らにし、支柱と張ってあるヒモとをはずす

☆土作りと畝作りの基本は、60～61ページを参照してください（第２章の各種野菜、同様）。
☆植え付け作業はキュウリ・トマトともにほぼ同じです。

トマト キュウリ

栽培のポイント

トマト　日当たりと水はけのよい畑で栽培しましょう。トマト栽培の大切な作業は〝わき芽かき〟です。わき芽をそのままにすると茎や葉ばかりが茂って実つきが悪くなってしまいます。ハサミを使って切ると病気に感染することがあるので、必ず手で折り取りましょう。

キュウリ　土作りをするときには堆肥をたっぷり入れて深めに耕しましょう。また、アブラムシやウリハムシなどの害虫と、梅雨時のうどんこ病などに注意が必要です。害虫を防ぐには、水はけ・風通し・日当たりをよくしましょう。うどんこ病を見つけたら殺菌剤を散布して防除します。

マルチを張る

保温や乾燥防止、病害虫を防ぐためにマルチを使います

1

マルチロールを畝の上に広げる。風が強いときは作業がしやすいように、風上側にロールを置いて広げる

2

周りの土をマルチの端にのせて重しとし、ハサミやカッター、あるいはクワを入れてざっくりとロールから切り離す

3

マルチの縁を足で押さえながら、四辺すべて土をのせていく

支柱を立てる

つるが伸びる野菜や、実がなると重みで倒れる野菜は支柱を添えて栽培します

4

長さ２m以上ある支柱を用意し、畝の中央に深さ 20～ 30cmほどに深く差す。株間 40cmとして、畝幅 60cmの畝に３本が目安

5

補強のために横にも支柱を渡し、ひもをかける

6

ひもを横支柱にかけて後ろに回す。後ろで交差させ手前にもってきたひもを横支柱にかけ再度後ろに回し、交差させて手前へ

☆トマトの土作りは、栽培スタートの２週間前には、１㎡あたり 150gの苦土石灰をまき、1週間前に１㎡あたり４kgの堆肥と100gの化成肥料、50gの熔リンをまいて土作りをしておきます。畝幅は１列植えは 60～ 70cm、２列植えは 120cm、株間は45～ 50cm、列間は 60cmが目安です。

7

しっかりと蝶結びにして止める

8 苗を植える

4月下旬～5月中旬

マルチを移植ゴテで十字に切って植える穴を掘る

9

水をたっぷり注ぎ、水が引くのを待つ

10

ポットから苗を取り出して植え付ける

11

苗の高さ 10cmほどのところにひもをかけ、3回ねじってから支柱に結びつける

トマト 12 わき芽かきと誘引

花房の葉の付け根にわき芽が出たら、1週間に1回、わき芽を手でつまんで折り取る。伸びた茎はひもで支柱に誘引していく

13 追肥・土寄せ

5月下旬～7月下旬

植え付け2週間後から2週間に1回、化成肥料ひとつまみを株の根元にまく。株が大きくなったらマルチをめくって、化成肥料を1㎡あたり 30gまき、土を寄せてマルチを元に戻す

キュウリ 14 整枝

植え付け4週間後には、株の風通しをよくするために、地面から五つ目の節までのわき芽を取り除く

キュウリ 15

6節から上のわき芽は、葉を1～2枚残して先端を摘み取り、株の形を整えながら成長させる。キュウリの収穫は5月下旬から8月下旬、トマトは7月上旬～8月下旬に収穫できる

☆キュウリの土作りは、栽培スタートの2週間前には、1㎡あたり 150～ 200gの苦土石灰をまき、1週間前に1㎡あたり3～4㎏の堆肥と 100～ 200gの化成肥料、50gの熔リンをまいて土作りをしておきます、畝幅は1列植えは 60cm、2列植えは 120cm、株間は 40～ 45cm、列間は 60cmが目安です。

苗提供／ベルグアース(株)

ゴーヤ

栽培のポイント

比較的病気になりにくいので、初心者にも栽培しやすい野菜です。つるの長さが支柱を越えるようになったら、植え付けの五〇日後くらいに摘心し、わき芽を伸ばすと管理しやすくなります。収穫できるようになっても二週間に一回は追肥を行なうと、長く収穫が楽しめるでしょう。

1

植え付け

5月上旬～6月上旬

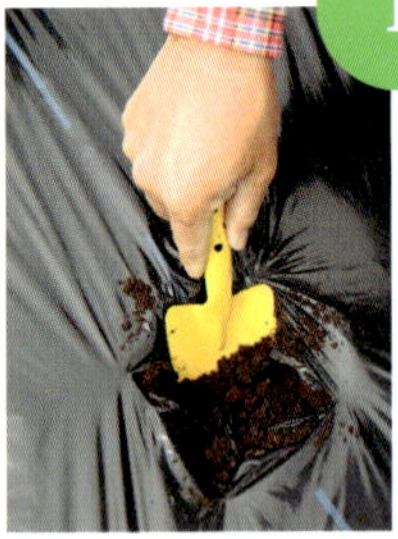

移植ごてを使ってマルチを十字に切り、植穴を掘る

2

ジョウロから出した水を手に当てながら植穴にたっぷり水を注ぐ

3

土をくずさないように苗をポットから取り出して植穴に入れ、土をかぶせて株元を手で押さえる

4

苗から 10～ 15cmほど離れたところに、1株あたり3本の支柱を、苗を囲むように立てる

5

支柱の上部をひもで結んで三角錐の形にする

6

誘引・追肥

誘引は植え付け2週間後から1週間に1回、追肥は2週間に1回

伸びたつるを支柱にひもで結び誘引し、株元に化成肥料を一つまみまく

7

収穫

植え付けの2か月後から

茎が固いのでハサミで付け根を切り取る。実が短い品種は 20 cm、長い品種は 30 cmくらいが収穫の目安

☆ゴーヤの土作りは、栽培スタートの2週間前に、1㎡あたり 100gの苦土石灰をまき、1週間前に1㎡あたり2 kgの堆肥、1㎡あたり 100gの化成肥料をまいて、土作りをします。1列植えは畝幅 60cm、2列植えなら畝幅 120cm、株間は 50cm、2列植えにする場合は列間は 60cmが目安。土作りを終えたらマルチを張っておきます。

セロリ

栽培のポイント

土が乾燥すると生育しにくいので、土が適度に湿った状態を保ち、雨の泥はねを防ぐためにマルチシートを張って栽培します。特に雑草の発生も防ぐ効果がある、黒色のマルチがおすすめです。

1 植え付け 3月下旬～4月中旬

黒マルチを張り、30cm間隔に苗を置いて株間を取る

2

移植ごてでマルチを×状に切り、植え穴を掘る

3

土をくずさないように苗をポットから取り出して植穴に入れ、土をかぶせて株元を手で押さえる

4 追肥 植え付けの2週間後

葉を起こし、化成肥料一つまみを株元にまく

5 収穫 植え付けの50～60日後

株元から包丁で切り取って収穫する

☆セロリの土作りは栽培スタートの２週間前に、１㎡あたり 150g程度の苦土石灰をまき、１週間前に１㎡あたり２ kgの堆肥、100～ 200gの化成肥料を施して、スコップでよく混ざるように耕しておきます。畝幅は１列植えの場合は 60cm、２列植えなら 80～ 100cm、株間は 25～ 30cm、列間は 40～ 50cmが目安です。

ナス　ピーマン

栽培のポイント

ナス　長期間にわたって栽培しますから、堆肥などはたっぷりめに施し、追肥や土寄せもまめに行なうようにしましょう。植え付けから一か月後には整枝を行ないますが、これは中心となる枝一本と、元気のよいわき芽二本を残す「三本仕立て」という形にします。更新剪定を行なえば、秋ナスの収穫も楽しめます。

ピーマン　比較的暑さや寒さに強い野菜です。ナスと同様に長期間栽培しますから、追肥はまめに行なうようにしましょう。整枝もナスと同じ三本仕立て。開花後一五から二〇日ほどで収穫できるようになります。まめに追肥することと早めの収穫を次々と行なう

1　マルチ張る

マルチの張り方は 62ページの①～③を参照してください

2　苗を植える

ナスは4月下旬～5月中旬・ピーマンは4月下旬～6月上旬が適期

株間を 60cm程度とって苗を置き、その位置に植え穴を掘る

3

植え穴に水をたっぷり注ぎ、水が引くのを待つ

4

苗をポットから取り出して植え、土を戻して株元を軽く押さえる

5　支柱を立てる

つるが伸びる野菜や、実がなると重みで倒れる野菜は支柱を添えて栽培します

株元から 10～ 15cm離れたところに支柱を立てる

6　誘引する

麻ひもを、茎にゆるくかけ、2～3回ねじってから、支柱にしっかりと結びつける

☆植え付け作業はナス・ピーマンともにほぼ同じです。☆作業過程の写真はナスです。

ことで、より長い期間、たくさん収穫することができるでしょう。

☆ナスの土作りは、栽培スタートの２週間前には、１㎡あたり 150～ 200gの苦土石灰をまき、１週間前に１㎡あたり 3～ 4kgの堆肥と 100～ 200gの化成肥料、50gの熔リンをまいて土作りをしておきます。畝幅は１列植えは 60～ 70cm、2列植えは 120cm、株間は 60cm、列間も 60cmが目安です。

☆ピーマンの土作りは、栽培スタートの２週間前には、 1㎡あたり 150～ 200gの苦土石灰をまき、１週間前に１㎡あたり 3～ 4kgの堆肥と 100～ 200gの化成肥料、50gの熔リンをまいて土作りをしておきます。畝幅は１列植えは 60cm、２列植えは 120cm、株間は 45～ 50cm、列間は 60cmが目安です。

7 整枝

植え付けから1か月後

一番花のすぐ下のわき芽 2本を残して、それより下のわき芽は取り除き、中心に伸びる枝とともに、芽が３本になるよう「３本仕立て」に整枝する

8 追肥・土寄せ

植え付けの１か月後

植え付けの１か月後から２週間に１回、追肥と土寄せを行なう

9 収穫

6月上旬～

収穫はナスもピーマンも 6月上旬くらいから。ハサミで丁寧に切り取って収穫する

ナス 10 ナスの更新剪定

秋ナスを収穫するためには更新剪定を行ないます

7月下旬から 8月上旬、すべての枝を 1/2から 2/3の高さに剪定する

ナス 11 ナスの夏の管理

梅雨明けから真夏は土の乾燥が続くため、水をたっぷり与える。株元をマルチングし、夕方に葉上や葉裏にシャワーのようにして水を与えればアブラムシを吹き飛ばす効果も期待できる

苗提供／ベルグアース（株）

トウガラシ

栽培のポイント

高温を好むので、日当たりがよく、水はけのよい場所で栽培します。たくさん栽培する場合はマルチを張って栽培するのがおすすめですが、薬味用に一株か二株程度栽培する場合は、気温が上がる五月中頃に植え付けをすれば、マルチを張らなくてもかまいません。

1　植え付け　4月下旬～6月上旬

株間を50cmほど取って植え位置を決め、植穴を掘る

2

ジョウロから水を手に当てながらたっぷり注ぐ

3

水が引いたらポットから苗を取り出して植える

4

土をかぶせ、手のひらで軽く押さえる

5　支柱立て

苗から10cmほど離れたところに支柱を立てる

6

麻ひもを苗にかけ、2回ほどよじりながら支柱に結び付け誘引する

7

3本仕立てに整枝する（3本仕立ては67ページのナス・ピーマンの栽培⑦を参照してください）

8　追肥・土寄せ

植え付け1か月後くらいから追肥・土寄せを行なう

9　収穫　6月～10月

若い実は青トウガラシとして収穫できる

10

熟すのを待って赤い実が収穫できる

☆トウガラシの土作りは栽培スタートの2週間前に、1㎡あたり150～200gの苦土石灰をまき、1週間前に1㎡あたり3～4kgの堆肥、100～200gの化成肥料、50gの熔リンをまいて、土作りをします。畝幅60cmで株間50cm、2列植えにする場合は列間は60cmが目安です。

オクラ

栽培のポイント

日当たり、水はけともによい場所を好みますが、草丈が一メートルを超えるほど伸びるので、家庭菜園の場合はほかの野菜が日陰にならない場所に植えます。元肥が多すぎると生育はよくても実つきが悪くなるので、化成肥料の分量には注意し、追肥で堆肥を補うようにしましょう。

植え付け
5月上旬～6月上旬

1

移植ごてで植穴を掘る

2

ジョウロから水を手に当てながらたっぷり注ぐ

3

水が引いたらポットから苗を取り出して植える

4

土をかぶせ、手のひらで軽く押さえる

5

たっぷり水やりする

追肥・土寄せ
植え付けから1か月後

6

伸びたつるを支柱にひもで結び誘引し、株元に化成肥料を一つまみまく

収穫
開花から1週間後

7

実の長さが7cmくらいになったらハサミでカットし収穫する

☆オクラの土作りは栽培スタートの2週間前に、1㎡あたり100gの苦土石灰をまき、1週間前に1㎡あたり2kgの堆肥、100gの化成肥料、50gの熔リンをまいて、土作りをします。畝幅は70～80cmで株間は30～60cm、2列植えの場合は列間は70～80cmが目安です。

ニンジン

栽培のポイント

ニンジンは移植すると叉根（またね）になるため、菜園にじかにタネまきしましょう。タネまき後、乾燥防止のために不織布をかぶせたり、腐葉土やもみ殻をかぶせます。発芽するまではよく水やりをすることが大切。発芽したらまめに間引きながら育てます。

1 タネまき
春まきは3月中旬～4月下旬・秋まきは6月下旬～8月上旬

細長い棒を土に押し付け、深さ5～10mmのまき溝を作る

2

まき溝に1cm間隔を目安にタネをまく

3

指先で土寄せし、最後に軽く手でたたいて押さえる

4

不織布をかぶせ、四辺に土をかぶせて押さえる

5 1回目間引き
タネまきの2週間後

芽が出そろったら不織布をはずし、株間3cmに間引く

6 間引き
2回目の間引きは本葉が2～3枚出た頃、3回目の間引きは本葉が5～6枚出た頃が目安

本葉2～3枚で6cm間隔、5～6枚で12cm間隔に間引く

7 追肥・土寄せ
最終間引きの2週間後から2週間に1回

列間に1㎡あたり30gの化成肥料をまき、土寄せする

8 収穫
タネまきの100～200日後

茂っている葉を束ねて持ち、引き抜く

☆ニンジンの土作りは栽培スタートの2週間前に、1㎡あたり100～150gの苦土石灰をまき、1週間前に1㎡あたり2kgの堆肥、100gの化成肥料、50～60gの熔リンをまいて、土作りをします。2列まきで畝幅は60cm、列間は30cmが目安です。

モロヘイヤ

栽培のポイント

乾燥が続く場合はときどき水やりしましょう。葉色を見ながら追肥すると長く収穫できます。真夏でも元気に育ち次々と収穫できます。秋になるとタネができますが、これは有毒で食べられないので注意してください。

1 植え付け

5月上旬〜6月中旬

植え穴を掘り水をたっぷり注ぐ

2

ポットから苗を抜いて植え穴に入れ、土をかぶせて軽く押さえる

3

たっぷり水やりする

4 追肥・土寄せ

植え付けの4週間後

1㎡あたり30gの化成肥料を株元にまき、土寄せする。以後月に1〜2回追肥を行なう

5 収穫

植え付けの8週間後

草丈が40〜50c mが、収穫の目安。葉先から10〜15cmくらいの手でぽきっと折れるところで摘み取る。わき芽が伸びるのでまめに収穫する

6 追肥　収穫後

次の収穫のために1㎡あたり30gの化成肥料を追肥しておく

☆モロヘイヤの土作りは栽培スタートの2週間前に、1㎡あたり100〜150gの苦土石灰をまき、1週間前に1㎡あたり2kgの堆肥、100gの化成肥料をまいて、土作りをします。畝幅は60cm、株間も60cmが目安です。

シュンギク

栽培のポイント

タネまき後、三回ほど間引きや追肥を行なうことが必要です。また収穫が始まってからも二週間に一回、一平方メートルあたり三〇グラムの化成肥料を追肥し土寄せを行なえば、その後も順次収穫していくことができます。春まきする場合は、防虫のために寒冷紗を使ったトンネル栽培をするとよいでしょう。

タネまき

春まきは3月下旬～5月下旬・秋まきは9月上旬～10月上旬

1 支柱などの細い棒を使い、畝にまき溝を作る

2 まき溝に1cm間隔で、タネをすじまきする

3 親指と人差し指を使い、溝の両側の土を軽くつまむようにして、タネに土をかぶせる

4 手のひらで軽く押さえ、たっぷり水やりする

間引き①

タネまきから10日～2週間後

5 芽が出そろったら不織布をはずし、株間3cmに間引く

間引き②

本葉が3～4枚出た頃

6 2回目の間引きは、本葉が3～4枚出たら6cm間隔に間引く

7 1㎡あたり30gの化成肥料をまいてから土寄せする

間引き③ 追肥・土寄せ

タネまきから1か月後

8 タネまきから1か月後、15～20cm間隔になるように間引き、追肥・土寄せする

収穫

草丈が30cmほどになった頃

9 下の葉を2～3枚残し、ハサミで茎を切り取る。以後2週間に1回、1㎡あたり30gの化成肥料を追肥して土寄せし、伸びてくる脇芽を順次収穫する

☆シュンギクの土作りは栽培スタートの2週間前に、1㎡あたり100gの苦土石灰をまき、1週間前に1㎡あたり2kgの堆肥、100gの化成肥料をまいて、土作りをします。2列まきで畝幅は60cm、列間は30cmが目安です。

長ネギ

栽培のポイント

長ネギ栽培は、白い部分を長くするために、溝を深く掘って植え付けします。そのため植え付け前の土作りは行ないません。土作りをして土をやわらかくしてしまうと、溝の壁が崩れてしまうからです。植え付け後は一か月に一回、追肥・土寄せを行ないましょう。

1 タネまき

春植えは3月中旬～4月下旬・夏植えは7月上旬～8月上旬

幅15cm、深さ20～30cmの溝を掘る

2

苗を5cm間隔で、植え付け溝の壁に立てかける

3

掘り起こした土を苗にかぶせる

4

ワラの先端が互い違いになるように、2束分のワラを植え溝に入れる

5 追肥・土寄せ

植え付けの2週間後から月1回、収穫の1か月前まで

1㎡あたり30gの化成肥料をまく

6

葉の分かれ目のところまで土を寄せながら、少しずつ葉鞘部（ようしょうぶ）を長くしていく

7 収穫

春植えは7月上旬～8月下旬・夏植えは12月上旬～2月下旬

植えた溝の両側を掘り起す

8

ネギの下方をもってゆっくり引き抜く

☆長ネギは栽培前の土作りは行ないません。植え付け前には苗と共にワラをあらかじめ用意しておきましょう。ワラはホームセンターなどで入手できます。植え付けの株間は5cm、2列に植える場合の列間は90～100cmくらい必要です。

ニラ

栽培のポイント

収穫後にも化成肥料をまき、肥料を施すのがポイントです。花を咲かせると株が疲れますので、花芽を見つけたら摘み取ります。冬越しの前には、一平方メートルあたり三～四キログラムの堆肥を株を覆うようにかけておきましょう。

1 植え付け 4月上旬～6月中旬

植え穴を掘り、たっぷり水を注ぐ

2

水が引いたら、ポットから抜き出した苗を入れる

3

土に植えて手で軽く押さえる

4 追肥・土寄せ 5月上旬～9月下旬

植え付けの1か月後に1㎡あたり30gの化成肥料をまき、土寄せする。この後も2週間に1回、同様に追肥・土寄せを繰り返し行なう

5 収穫 1年目…7月中旬～11月上旬 2年目以降…6月上旬～11月上旬

草丈が25～30㎝に生長したら、株元から3～4㎝ほど残して切り取って収穫し、株間に1㎡あたり30gの化成肥料をまいて土寄せしておく

6 次の収穫のための追肥・土寄せ ⑤から約3週間後

株元に1㎡あたり30gの化成肥料をまき、土寄せする

7 収穫2回目 ⑥から約3週間後

最初の収穫と同様に、切り取って収穫する

☆ニラの土作りは栽培スタートの2週間前に、1㎡あたり100～150g程度の苦土石灰をまき、1週間前に1㎡あたり2kgの堆肥、100～200gの化成肥料を施して、スコップでよく混ざるように耕しておきます。畝幅は1列植えの場合は60cm、2列植えなら70～80cm、株間は20～30cm、列間は40～50cmが目安です。

クウシンサイ

栽培のポイント

タネは皮が硬いので、水に一昼夜浸けてからまくとよいでしょう。生育旺盛ですから、肥料切れに注意が必要です。種まきの二〜三週間後から二週間に一回程度の目安で一平方メートルあたり三〇グラムの化成肥料を追肥・土寄せを行ないましょう。

1 タネまき 5月上旬〜7月下旬

空き缶の底などを使って深さ1cmのくぼみを作る

2

一つのくぼみにタネを5粒ずつまく

3

土をかぶせ手のひらで軽くたたく

4 追肥・土寄せ タネまきの2〜3週間後から

たっぷり水やりする。双葉が開いた頃、弱々しい株を1本間引く

5

2週間に1回、1㎡あたり30gの化成肥料を追肥し、土寄せする

6 収穫 6月上旬〜10月下旬

草丈が20〜25cmになったら、ハサミで摘み取る

☆クウシンサイの土作りは栽培スタートの2週間前に1㎡あたり 150g程度の苦土石灰をまき、1週間前に1㎡あたり2 kgの堆肥、100gの化成肥料を施して、スコップでよく混ざるように耕しておきます。畝幅は1列まきの場合は 60cm、2列まきなら 90〜 100cm、株間と列間はともに 30cmが目安です。

サニーレタス サンチュ

栽培のポイント

サニーレタス　四月上旬～五月上旬が春植えの適期（秋植えは九月中旬～一〇月中旬）です。レタスの成育適温は二〇度前後とされ、比較的冷涼な気候を好みます。タネから育てる場合には、日が長い条件下ではトウ立ちして花が咲いてしまうため、夜間に明るくなるところでは栽培しないようにしましょう。マルチを張って植えると雑草防除になり、雨の泥はねも防ぐことができます。アブラムシやヨトウムシなどの害虫が発生することがあるので気をつけましょう。

サンチュ　サンチュは暑さや病気に強いので、初心者にもおすすめです。サニーレタスと同様にマルチを張って

植え付け
4月上旬～5月上旬

1

畝にマルチシートをかけ、周囲に土をのせて重石とする

苗を植える

2

ポリポットに入った苗を 30 cm間隔（移植ごて一つ分）に並べる

3

穴あけ器具で穴を開けるか、移植ごてで十字にマルチを切る

4

ジョウロで植え穴に水をたっぷり注ぐ

5

ポットから苗を取り出して植え付ける

追肥・土寄せ
植え付けから2週間後

6

株の直径が 10～ 15cmになった頃、1㎡あたり 30gの化成肥料を株元にぱらぱらとまき、クワで土寄せする

☆いずれも栽培スタートの 2週間前に、1㎡あたり 100～ 150gの苦土石灰をまき、1週間前に1㎡あたり 2kgの堆肥、1㎡あたり 100～ 200gの化成肥料をまいて、土作りをします。株間は 30cm、畝幅は 60cmで、2列植えするときの列の間は 30cmが目安です。

☆サニーレタスとサンチュの作業はほぼ同じです。☆作業過程の写真はサニーレタスです。

栽培することで、雑草や雨の泥はねを防ぎます。害虫も同様にアブラムシやヨトウムシの発生には注意しましょう。

7 収穫

植え付けから30日後

株が 20～ 25cmになったら、株を手で押さえて地際から包丁で切り取る（もしくは、外葉から1枚ずつ手でかきとって収穫すると長く楽しめる）

8

切り口から出る乳液状の汁が葉につくと茶色く変色するので、布でふき取るとよい

インゲン

栽培のポイント（蔓なし種）

根に根粒菌というものが付着して空気中からチッ素分を吸収します。そのため肥料を与え過ぎないように注意が必要です。発芽直後に鳥害を受けやすいので、できれば直まきよりポット育苗するとよいでしょう。草丈が二〇～三〇センチになったら二週間に一回、追肥を行ないます。

1

タネまき（ポットまき）
4月中旬～7月上旬

ポットに土を8分目～9分目まで入れ、指をさし込んで植え穴を3つ作る

2

植え穴にタネを1粒ずつタテに差し入れる

3

土をかぶせ、手で軽く押さえ、水をたっぷり注ぐ

4

植え付け
4月下旬～7月中旬

ポットで育った苗を並べて間隔を取る

5

植え穴を掘って水をたっぷり注ぐ

6

水が引いたらポットから苗を取り出して植え付け、たっぷり水やりする

7

追肥・土寄せ
植え付けの2週間後から2週間に1回

1㎡あたり化成肥料 30g の追肥と土寄せを行なう

8

2回目の追肥・土寄せは植え付けの4週間後に行なう

9

収穫
タネまきの55日後くらい（開花後10～15日）

ハサミで切り取って収穫する

☆インゲンの土作りは栽培スタートの2週間前に、1㎡あたり 150 ～ 200g 程度の苦土石灰をまき、1週間前に1㎡あたり2kgの堆肥、50g の化成肥料を施して、スコップでよく混ざるように耕しておきます。2列植えにし、畝幅は 80cm、株間は 20 ～ 30cm、列間は 50 ～ 60cm が目安です。

カリフラワー

栽培のポイント

タネまきから育てる場合は、春先にタネまきして育てる春まきと、夏にまいて秋にかけて育てる夏まきができます。育てやすいのは夏まきですが、初心者は苗を購入して植え付けるのもおすすめ。花蕾がつき始めたら、追肥を忘れないようにしましょう。

1 タネまき（ポットまき）
春まき2月中旬〜3月中旬・夏まき7月中旬〜下旬

ポットに土を8分目〜9分目まで入れ、ペットボトルのキャップを押し付けて植え穴を作る

2

植え穴にタネを4〜5粒ほど入れて土をかぶせ、たっぷり水やりする。発芽直後と、本葉3枚頃に間引きをし、しっかりした1本を残す

3 植え付け
春植え3月下旬〜4月上旬・秋植え8月中旬〜9月中旬

植え穴を掘って水をたっぷり注ぐ

4

水が引いたらポットからはずした苗を入れ、土をかぶせて軽く押さえる

5 追肥・土寄せ
植え付け2週間後から2週間に1回

化成肥料を1㎡あたり30g株元にまき、土寄せする

6

1回目の追肥・土寄せの2週間後、同様に追肥・土寄せする

7 花蕾の遮光
花蕾が見え始めた頃

花蕾を白くするために、外側の葉を花蕾にかぶせるようにして折り曲げる

8 収穫
植え付けの10〜12週間後

包丁で茎を切り取って収穫する

☆カリフラワーの土作りは栽培スタートの2週間前に1㎡あたり100g程度の苦土石灰をまき、1週間前に1㎡あたり2〜3kgの堆肥、200gの化成肥料を施して、スコップでよく混ざるように耕しておきます。畝幅は1列植えの場合は畝幅は60cm、2列植えなら120cm、株間は45cm、列間は60〜70cmが目安です。

カボチャ

栽培のポイント

注意したいのは肥料の与えすぎです。カボチャは肥料分が多いとチッ素過多になり、「つるボケ」といって、つるが旺盛に茂ってしまいます。そのため受粉しにくくなり、収穫に影響しますから、化成肥料は控えめにし、人工授粉で確実に着果させましょう。

植え付け
4月下旬～5月中旬

1 ２ｍ程度の支柱４本を、立てずに写真のように置いて四角い枠を作る

2 枠の中央に深さ 30㎝ほどの穴を掘る

3 堆肥２㎏、化成肥料 30g、熔リン 15g を入れる

4 土を戻し入れ、さらに周囲の土を寄せて小山に盛り上げ、上部を手のひらで平らにする

5 移植ごてで山の中央の土を少し掘り、植え穴を作り、水をたっぷり注ぐ

6 水が引いたら苗を入れて土を寄せ、手のひらで軽く押さえる

7 苗の周囲に指先ですじを作り、たっぷり水やりする

摘心・防草シート張り
植え付けの２週間後

8 本葉が６～７枚ほど出たら元気な芽を残して摘心する

9 雑草が出ないように防草シートを張り、留め具で止める

☆カボチャの土作りは栽培スタートの２週間前に、１㎡あたり 150 ～ 200g 程度の苦土石灰をまき、１週間前に１㎡あたり２kgの堆肥、100g の化成肥料、50g の熔リンを施して、スコップでよく混ぜるように耕しておきます。１列植えの場合は畝幅 90 ～ 100cm、２列植えの場合は 120cm、株間は 100cm、列間は 60cm 以上が目安です。

ズッキーニ

栽培のポイント

成育適温が一五～二三度と低温にも強く、栽培しやすい野菜です。実のつきがよくない場合は、人工授粉で、確実に着果させましょう。肥料は元肥をやや少なめに。うどんこ病が発生しやすいので、葉が茂ってきたら風通しをよくするなど、注意して栽培してください。

10 人工授粉
開花時期

カボチャの雄花を積み、花の下に小さな実ができている雌花に人工授粉する

11 ワラを敷く
人工授粉から10～14日後

実が大きくなってきたら花がついている側を下にして、ワラを座布団のように敷き、実が地面に触れないようにする

12 収穫
受粉から40日後

ヘタ部分が茶色くなってきたらハサミで切って収穫する

1 植え付け
4月下旬～5月中旬

マルチを張り、穴あけ器などで植え穴を切り取る

2

植え穴に水をたっぷり注ぎ、苗を入れて土をかぶせ、軽く押さえる

3 追肥
植え付けの1か月後から2週間に1回

一つかみ程度の化成肥料を株元にまく

4 人工授粉
開花時期

カボチャと同様に、開花し始めたら人工授粉する

5 収穫
開花後4～10日の間

時期を逃すとあっという間に大きくなり皮が硬くなるので、時期を逃さずに収穫する

開花後4日くらいの若い花は花ズッキーニと呼ばれ、食べられます

☆ズッキーニの土作りは栽培スタートの２週間前に１㎡あたり100～150g程度の苦土石灰をまき、１週間前に１㎡あたり２kgの堆肥、100gの化成肥料を施して、スコップでよく混ぜるように耕しておきます。畝幅は１列植えの場合は100cm、２列植えなら120cm、株間は80～100cm、列間は100cmが目安です。

第3章 おいしい！愛おしい！野菜作り

キャベツ・ブロッコリー

春に植え付けたトマトが収穫最盛期を迎える八月頃から、菜園では秋から冬に旬を迎える野菜の準備が始まります。苗から育てるキャベツやブロッコリーも、この季節からスタートです。ロールキャベツやポトフ、クリームシチューなど、わが家の菜園育ちの野菜を主役に、寒い季節のあたたかメニューを楽しんでみませんか。

〈できたらいいな〉が、ついに！

僕がまだ中学生だった頃のことです。オヤジが畑でキャベツとダイコンを作っているのを見ていて思いました。〈どうしてダイコンは地下の根っこを食べて、キャベツは地上の葉を食べるのかなぁ。地上に出たものも、地下に伸びたものも両方食べられたらいいのにな……〉〈そうだ！　キャベツとダ

イコンの雑種を作ればいいんじゃないか！〉

そんなことを中学時代から考えていた僕ですが、高校生になると、興味の範囲は広がって、キャベツとダイコンのことなんか、頭の中からすっかり消えていました。

しかし、やがて宮澤賢治にあこがれて入学した岩手大学の三年生になり、卒論のテーマとして僕が選んだのは、中学時代に〈できたらいいいな〉と思っていた、キャベツとダイコンの交配種の研究でした。地下の根っこも地上の葉っぱも両方食べられる野菜があったらいいのにという思いは、頭の中から消えてはいなかったのですね。

実は大学四年のときに、ダイコンを親にしてキャベツを掛け合わせた、「ラファノブラシカ」という雑種を作ったことがあるんです。でもその実験でできたものは、どうにも食べられない失敗作。そんな苦い思いも含めて、僕は卒業論文をまとめました。

それから約一〇年後、僕は恵泉女学園短期大学で教鞭をとるようになっていましたが、あのときの〈できたらいいな〉は、まだ忘れていませんでした。そしてその夢を、僕が卒業研究を担当した一人の学生が、ついに実現してくれたんです。

それはダイコンとキャベツを接ぎ木によって交配する方法で、これがうまくいきました。初めてその成果を見たときは思わず、「おぉ！　これがキャベコンか！」と勝手に名付け親に(笑)。その接ぎ木による交配は、僕が大学時代にやった交配よりずっとうまくいって、中学生のときからの悲願達成です。本当に感動のできごとでした。

あれもこれも〝キャベツの仲間〟

アブラナ科に属すキャベツは仲間の多い野菜です。キャベツの原種に近いと考えられているのが、青汁に用いられるケールです。ケールの葉は球の形にはなりませんが、キャベツの葉は丸まって球になるのが特徴で、これを結球といいます。

キャベツの結球は、大きく一つの球になりますが、小さな球がいくつもできるのが芽キャベツで、キャベツの色が赤紫色をしているのが、紫キャベツ。キャベツの原型から蕾ができたものがブロッコリーで、その蕾が白いものがカリフラワーです。

中国にはブロッコリーの原型のようなカイランという野菜があります。このカイランとブロッコリーを掛け合わせてできたものが、茎ブロッコリーといわれるスティックセニョールで、最近の家庭菜園の人気者です。

さらにもう一つ、〝観賞するキャベツ〟というのもあるのですが、さて、なんだかおわかりかな？そう、答えはハボタン。あの形はまさにキャベツですね。ハボタンは食べることもできますが……まずいです。やはりながめて楽しむだけにしておきましょう。

驚異のブロッコリースプラウト

ブロッコリーに発ガン予防成分があることは、ずいぶん知られるようになってきましたね。では、ブロッコリー二〇〇グラムとブロッコリースプラウト一〇グラムでは、発ガン予防成分はどちらが多く含まれていると思いますか？　えっ、そりゃあブロッコリー二〇〇グラムのほうが多いに決まってるでしょ、ですって？　そうですよねぇ、どう考えてもブロッコリー二〇〇グラムのほうが栄養豊富に見えますからね……と同調したいところですが、答えはブブーッ。

これね、おもしろいんですよ。重さだけでも二〇倍もの差があるのに、どちらも発ガン予防成分は同じ量なんです。意外でしょ。

実はこの話は、僕が講師をしているテレビ番組「世界一受けたい授業」でずいぶん前に話したことがあるんですが、放映された翌日はスーパーでブロッコリースプラウトが品切れ続出だったとか。

みなさんも、ブロッコリーもブロッコリースプラウトも、どんどん食べましょう！　僕の家でもサラダのほか、カレーやシチューにも入れて、家族で収穫の時期を楽しんでいます。そうそう、ブロッコリーと貝柱の炒め物もおすすめですよ。

ハクサイ・ダイコン

夏も終わりに近づくと、菜園の秋冬野菜の準備はだんだんと忙しさが増してきます。秋冬野菜の代表選手のようなハクサイとダイコンも、その頃には準備を始めましょう。ダイコンなどはていねいに間引きを行なうことが大事で、その間引き菜は自ら育てる野菜だからこそ味わえるものです。大いに楽しみながら育ててみましょう。

失敗なんてこわくない

野菜作りは、タネまきでも苗の植え付けでも、野菜ごとにそれぞれ適した時期があります。それだけ季節の移り変わりを意識することが大切、ということでもありますね。

タイミングを逃すとその後の成長に影響して、待ち望んだ収穫が台無し、なんていう結果になりかね

ません。実際に僕も、スタートの時期をうっかり逃してしまい、そういう失敗を経験したことがあります。ところが、そんな失敗のなかから思わぬ発見をすることもたまにはあるんですよ。

あれは、今から一五年ほど前のことでした。ハクサイを作ろうと思っていたのに何かと忙しくて、栽培のスタートが三週間ほど遅くなってしまったことがありました。

ハクサイはタネまきの適期を逃すと結球が遅れてしまい、みなさんが八百屋やスーパーで見るような、きれいな楕円形にまとまらないことがあります。案の定、スタートが遅かったその年のハクサイは、三分の一くらいしか結球しませんでした。これではハクサイの栽培としては大失敗。こんなことがあると本当にガックリです。しかしどうにもなりませんから、〈こんなこともあるさ〉とあきらめ、花が咲いたらながめて楽しもうと、畑にそのままにしておきました……。ま、言い方を変えれば〈放置〉とも言いますかね(笑)。

二月の下旬くらいになるとそのハクサイの畑ではトウ立ちが始まっていました。それはまるで食用の菜花の畑のようです。〈おっ、これはもしかしたら食べられるかも〉と、試しにポキポキと折って持ち帰り、すぐにお浸しにしてみました。

トウ立ちしたハクサイは、果たしてどんな味だったと思いますか？　トウが立ったものなんておいしいはずがないでしょ、と思われた方……残念ですがハズレ！　これは僕自身も意外でしたが、これまでに食べたどの菜花よりもおいしかったんです。

こんなこともあるから、野菜作りはおもしろいんですね。

みなさんもハクサイを栽培してトウ立ちさせちゃった……なんていうときには、ぜひそのまま放置して、翌年の二月か三月の畑をよく見てみましょう。きっとおいしい菜花のお浸しが食べられますよ！

ダイコンの根はどれ？

さて、失敗談ばかりおしゃべりしていないで、たまには野菜園芸の授業のようなお話を一つ。

ダイコンは漢字で書けば大根。その名の通り、地中にある根の部分をおもに食用にする野菜ですね。そんなことは知ってるよ、とどなたも思われることでしょう。ならば、あの白くて太い部分はすべて根でしょうか？　えっ、違うの？……って思いますよね。そう、違うんです。

ダイコンのあの白い部分は、実は全部が根ではなく、胚軸《はいじく》と呼ばれる部分と根の、二つの部位から成り立っているんです。胚軸というのは、いわば茎のようなものなのですが、ではどこが胚軸でどこが根なのか。

簡単にいうと、ダイコンの白い部分のところどころから、細いヒゲが出ていますが、このヒゲが出ている上限までが根、そこから上の部分が胚軸です。

わかりやすいのは青首ダイコンで、青首ダイコンの緑色の部分が胚軸、緑色ではない部分が根。緑色になるのは生育とともに胚軸部分が地上に露出するためで、青首ダイコン以外のダイコンの胚軸は、生育しても地上に露出しないので緑色にはなりません。

知っているとちょっと自慢できる……かもしれない豆知識です。ダイコンを片手にウンチクを語りたい方は、ぜひどうぞ。

大根十耕《じっこう》

ダイコン作りをするうえで古くから言い伝えられている言葉があります。それが「大根十耕」。ダイコンを作るなら畑を一〇回耕せ、という意味で、一〇回というのは目安ですから、十分に耕しなさいということです。

なぜかというと、土の中に土の塊や石、肥料の塊などがあると、生育途中の根がそれらに当たって、変型してしまうことがあるからです。みなさんも何かの機会に、二股になったダイコンなどを見たことがありませんか。こんなふうに変型することを「叉根《またね》」といいます。

叉根にならない真っすぐに伸びたダイコンを収穫するために、ダイコン作りは「大根十耕」と覚えておきましょう。

カブ

家庭菜園の一番の楽しみは、なんといっても収穫のとき。タネまきや植え付けをした後、暑い日も寒い日もせっせと世話ができるのは、やがて来る〝その日〟を思えばこそ、ですね。野菜の成長過程はさまざまですが、カブはタネまきから短い日数で収穫の日を迎えます。家庭菜園の初心者にとってはうれしい野菜。これから菜園を始めたいと思う方におすすめです。

カブはハクサイと同じ葉もの野菜

カブは日本での栽培の歴史が古く、最も早くから食べられるようになった野菜の一つです。原産地はヨーロッパですが、後にヨーロッパ種と東洋種に分かれ、その東洋種が私たち日本人が食べているカブです。

土の中で育つ部分は白く、ふさふさと地上に出ている葉は緑濃く、カブってダイコンの親戚なのかしら、と思われる方もいらっしゃるかもしれません。でも、違うんですよ。

ダイコンもカブも同じアブラナ科ではありますが、カブはコマツナやミズナ(キョウナ)、ハクサイ、チンゲンサイといった、葉もの野菜の仲間。これらの葉もの野菜のなかで、丸く育った根の部分までも食べることができるのが、カブなんです。

ダイコンとカブの違いは、花を見るとよくわかります。ダイコンには白い花が咲きますが、カブは菜の花と同じ黄色い〝菜の花〟が咲きます。同じアブラナ科なのに、と思われるかもしれませんが、この違いは染色体の数が異なることからも明らかなのです。

食べたときの食感もダイコンとカブはずいぶん違いますよね。ダイコンはざっくりとした粗い感じですが、カブはきめ細かく密に引き締まった食感が特徴です。

花が咲いたとき、そして収穫物を食卓で味わうとき、そうしたことをちょっと思い出してみてください。野菜の知識が増えると、菜園の楽しみもきっと増えることでしょう。

カブは白くて丸いとは限らない

カブと聞いて多くの方が思い浮かべるのは、丸い形をしたカブですね。でも歴史が古い野菜だけにいろいろな品種があって、丸いものだけではないんです。

一般的なものとしても、小カブ、中カブ、大カブがあり、中カブや大カブは地方品種に多く見られ、漬け物用として利用されることが多いようです。小カブだけを取り上げてみても、一般的な白いもののほかに、酢漬けにして好まれる赤カブもあります。この赤カブも地方品種です。

岩手県遠野地方には「暮坪《くれつぼ》カブ」という地方品種があります。これは丸いカブではなく、青首の長いタイプのカブです。グルメ漫画の『美味しんぼ』でも、暮坪カブはそばの薬味として最高、と紹介されたので、ご存じの方もいらっしゃるかもしれません。

僕も実際にやってみました。すりおろしてそばの薬味として使うと、辛みダイコンのような感じで本当においしいです。

野菜と一緒にハーブを育てる

ハーブをプランターなどで栽培する場合、花を育てるようにいくつかの種類を同じ鉢やプランターで育てる〈寄せ植え〉も楽しいものです。

ハーブの利用法はさまざまありますが、料理に使うことがおもな目的なら、バジルやイタリアンパセリなどを一緒に栽培するのもいいですね。ハーブとハーブだけでなく、ハーブと野菜という組み合わせもいいですよ。地植えにすれば大きくなる植物でも楽しめるでしょう。

ところで、コンパニオンプランツという言葉をご存じでしょうか。共栄作物、あるいは共存植栽という意味で、傍に植えるとどちらもが元気に育つなど、互いによい影響を与え合う植物のことです。

例えばバジルなら、パセリやトマトなどが相性がよいようです。イタリアン好きな方なら、重宝することこの上なしですね。

イチゴ

秋冬の野菜作りのなかでもとりわけ心がうきうきするのは、冬を越えて訪れる季節を感じさせてくれる野菜を育てるとき。イチゴは実りの秋の収穫とはまた違う、春の喜びが実感できる収穫物の代表ではないでしょうか。真っ赤に色づいたイチゴは大人にも子どもにも大人気。手のひらにとったわが家産の一粒一粒に、思わず笑みがこぼれることでしょう。

イチゴの実はどこにある？

イチゴを育てたいと思っていられる方はきっと多いと思いますが、畑に行く前に、ここでちょっと質問です。

みなさんはイチゴの実って、どんなものかご存じですか？「えっ？」と思う方、いらっしゃいます

よね。「イチゴは、あの赤くてかわいい円錐形の形(なかには特大の四角っぽい高価なのもありますけど)をした、ほらあれがイチゴの実でしょう?」という声が聞こえてきますが、ブブーッ!です。

私たちが大好きなあの赤くておいしいところは、正しくは「花托《かたく》」という部分。植物学的にいう「実」ではありません。では、いったいどれが「実」なのか、ということになりますね。イチゴの実は、花托の部分の外側に、ポチポチとけしの実ほどの小さな粒々がついています。これがイチゴの「実」なんです。

ここまでは栽培する人のためのミニ知識。果実ですから普通の呼び方はこれまでどおり、あの赤い部分を「実」と呼べばよいでしょう。この本でも「実」と呼びます。「実」の説明はこれでおしまい。……ということで、今度ご家族やお友達と一緒にイチゴを食べるとき、こんなイタズラをしてみませんか。「イチゴの実いかが?」とまず聞いてみましょう。「いただくわ」なんて返事が返ってきたらしめたもの。やおらピンセットを取り出して、「実」を一粒つまみ、「はい、どうぞ」とお皿に乗せてあげましょう。お相手がどんな顔をされるか、反応が楽しみですね(笑)。

イチゴジャムを色鮮やかに作るには

僕は大学でも、専門課程で選択した学生には、毎年イチゴの栽培の授業を行なっています。園芸だけでなく食品加工という科目も担当しているので、その授業では園芸の授業で収穫したイチゴを使ってジャム作りをしています。

だいたい三〇〇グラムくらいのイチゴが収穫できればジャムは作れます。収穫したときに、ちょうど両の掌にのるくらいの量ですから、そのままパクッと食べてしまおうか、いやジャムにしようか、いつも悩むところです。

ジャムは、最近は果実の形が残るプレザーブタイプのものが人気のようですね。でも完全にイチゴをつぶして作るほうが、赤い色が鮮やかできれいなジャムができるんですよ。ただし、これをていねいにきれいにつぶすのは、意外と時間がかかります。

そこでさきほどの食品加工の授業です。これがまた、毎年それはにぎやかなんです。なかには授業に遅刻してくる学生もいたりするのですが、遅れてきた学生はイチゴをきれいにすりつぶす時間がどうしても足りません。というわけで、遅刻してきた学生のジャムだけは、プレザーブタイプになるというのが、僕の授業のお約束です。

そうやってにぎやかに指導した学生たちが卒業していくとき、僕は授業を選択した学生一人一人に、イチゴの苗を鉢に植えてプレゼントしています。これが結構好評です。

みなさんも、ちょっとしたプレゼントにイチゴの苗、なんていかがですか。グリーンを楽しむだけでも、プレゼントにしたら喜ばれるかもしれませんよ。

イチゴのランナーは次の年の苗に

イチゴはランナー（ほふく枝のこと）が出ると、一株から一〇〇粒ほど収穫することができます。そのランナーをポリポットで増やして、次の年の苗として利用します。

苗は親苗から見て、子にあたる苗を「太郎苗」、孫にあたる苗を「次郎苗」、ひ孫にあたる苗を「三郎苗」と呼びます。太郎苗はまだ安定した状態ではないので、植え付けのときは次郎苗や三郎苗を植えるのがおすすめです。

また植え付けの際は、苗にあるランナーの跡が、畝の内側になるようにして植え付けるとよいでしょう。イチゴはこのランナーの跡の反対側に実がつきますから、通路側に実がついて収穫しやすくなります。

ホウレンソウ・ミズナ

野菜作りの魅力の一つは、なんといっても収穫してすぐに新鮮な野菜が食べられること。なかでも葉菜類は特にみずみずしさが命ですから、その喜びは格別です。緑黄色野菜を代表する栄養価の高いホウレンソウや、最近はサラダ野菜としても人気が高いミズナが、わが家の菜園でおいしそうに育っていたら、秋冬の鍋物シーズンが一層楽しみになりますね。

ホウレンソウのオスとメス

みなさんは、野菜にはオスとメスの種類に分かれるものがある、ということをご存じでしょうか。ホウレンソウは植物学的に見るとオスの株とメスの株に分かれる植物です。アスパラガスやヤマイモも同様で、このような植物を雌雄異株といいます。

通常は花が咲く前に収穫をしてしまいますから、こんなことに気づく人はあまりいません。でも花が咲くまで観察してみると、オスのホウレンソウに咲く雄花は茎の先に穂のようにつき、メスのホウレンソウに咲く雌花は葉の根元につくことがわかります。興味のある方は、花が咲くまで観察してみるとおもしろいかもしれません。

実はホウレンソウのオスとメスは、花のつき方だけでなく、その生育過程において顕著な違いを見ることができます。それは、メスのホウレンソウはオスのホウレンソウよりも、約一・二倍ほど成長がよい、という性質があることです。つまりトウ立ちが遅い分収穫が多くできる、ということですから、栽培するならメスがよい、ということになりますね。

今から一七年ほど前、私は大学で教鞭を執りながら、全部メスになるホウレンソウを作ることを研究していました。メスにもオスにもなる雌雄同体もあり、それからタネをとって、それをすべてメスにしようという研究です。

研究中に興味深かったのは、オスでもメスでもない、いわば中間的な性をもつ株ができる場合があるということでした。植物としてはメスなのに花を見るとオスであったり、またはその逆であったり。性の連続性というのは、研究テーマとしてはなかなかおもしろいものでした。全部メスのホウレンソウを作ること以外にも、ホウレンソウとフダンソウの交配と両方を研究していた時期がありましたが、全部メスのホウレンソウを作る研究のほうがずっとおもしろいと思いました。

こんなふうにして、僕たちのような研究者がさまざまな研究をし、その成果が実って、今では全部メスに近いホウレンソウを生産できるようになりました。あれっ、ちょっと自慢しちゃいましたかね(笑)。でもあの頃は本当に夢をもっていろんな研究をしていたんだなあ……。あ、もちろん今だって、夢をもって仕事していますよ！

ホウレンソウには勘違いをさせない

植物が生育するための環境は、気温と日長の条件によって大きく変わってきます。野菜栽培において、特に日長の状況に影響を受けやすいのがホウレンソウです。

ホウレンソウは昼間の時間が長いときに花が咲きます。通常の栽培で日長に合わせて花が咲くのは問題ありませんが、一つだけ気をつけなければいけないことがあります。

それは、〝ホウレンソウに勘違いをさせない〟ということ。例えば外灯の当たる場所を菜園にしてしまったときの失敗です。これがよくありがちなんです。外灯の灯りに照らされたホウレンソウは、それを日の光と勘違いし、いつまでも明るいためにどんどん生育してしまい、茎がまるで木のように伸びるのです。これではホウレン草ではなくてホウレン木。こうなってしまっては、葉は硬くなり、せっかくがんばって育てても、収穫は悲しい結果に終わってしまいます。

ホウレンソウを栽培するときは、くれぐれも夜に外灯などの灯りが当たらない場所を、栽培場所として選ぶようにしましょう。

お浸しに向くのは東洋種

ホウレンソウを漢字で書くと〈法蓮草〉ですね。でもパソコンで HOURENSOUと入力するともう一つ別の漢字が出てきますよ。ほら〈菠薐草〉って出ませんか。菠薐とは中国語でペルシャの意。現在のイランのことですから、菠薐草はイランの草。これはホウレンソウの原産地(中央アジア)を示しています。その原産地からオランダやデンマークなどに伝わったのが西洋種のホウレンソウです。これらの国の特徴でもある緯度が高く日が長い、という条件のなかであまりトウ立ちしないように生育する種類で、タネは丸く、葉が丸くて厚く、あくが強い、という特徴があり、春まきに適しています。

一方、日本にはホウレンソウは一七〇〇年代に伝わってきました。深い切れ込みのある葉は薄く、あくも少なく、お浸しでおいしくいただける種類。タネはトゲトゲした角があるのが特徴で、春まきするとトウ立ちしやすいため、秋まきに適しています。これが東洋種です。

現在多く市販されている品種は、品種改良によるF_1という交雑種が多く、西洋種のアクがなくなったようなタイプでおいしいものです。この交雑種ができたことによって、春から夏でも、秋から翌春でも栽培ができるようになりました。

大株どりか小株どりか

別名キョウナ（京菜）とも呼ばれるミズナは、鍋物のほか漬け物やお浸しに好まれますが、最近はサラダ野菜としても人気がありますね。タネをまいたそのときからあの料理やこの料理に、と収穫を待ち遠しく思うのは家庭菜園の楽しみですが、ミズナはなんと、タネまきから一か月ほどで収穫できる魅力的な野菜なんです。ただし、それは一株の重量が二〇〜三〇グラムという小株どりの場合のお話。

たっぷりとした大株どりで収穫したい場合は、九月中旬か下旬頃に株間三〇センチで一か所に七〜八粒を点まきし、発芽したら三本に、本葉が二〜三枚出たところで二本に間引いて、一平方メートルあたり三〇グラムの化成肥料を追肥します。本葉が五〜六枚出たところで一本立ちにして同じ要領で追肥、さらに草丈一五センチで同量の追肥を行ないます。

漬け菜・タマネギ

外でどんなごちそうをいただいても、家に帰ればちょっとお茶漬けとお漬け物が欲しくなる、なんていう方、いらっしゃいますね。漬け菜の栽培は、同時にお漬け物を作る楽しみでもあります。タマネギは貯蔵性の高い野菜なので、多めに作っても常備野菜としてとても便利。昔ながらのさまざまな保存の知恵を大いに生かすことができるのも、菜園生活の楽しさです。

品種も多彩な漬け菜類

漬け菜とご紹介していますが、実はツケナという名前の野菜はありません。漬け菜類は、アブラナ科の結球しない葉菜のことで、野菜の分類でみると、漬け物に適した漬け菜類（野沢菜や広島菜など）とタカナやカラシナの仲間を指します。

タカナの仲間は種類も多く、葉が赤紫色の大葉タカナ、福岡県の特産種で葉が肉厚の三池タカナ、長崎県雲仙市で作られる雲仙コブタカナ、福岡県博多地方のかつお菜などがあります。ちょっと変わったところでは、ザアサイもタカナの仲間なんですよ。タネが入手できて栽培することができたら、葉をよく見てください。大葉タカナそっくりです。漬け物にできる葉菜は、本当にたくさんあるのです。

漬け物で思い出すのが、僕が盛岡の大学二年生の頃に漬け物工場でアルバイトをしていたときのことです。僕は主にハクサイやキャベツの漬け物を担当していましたが、ある日、漬け物の材料としてバショ菜という野菜が入ってきました。バショ菜という野菜を、僕は知りませんでした。葉がとても大きくて軸が小さい菜っ葉です。

漬け物はまず野菜をきれいに水洗いしますが、ある日僕は、バショ菜を洗うときに自前の服を水でびしょびしょに濡らしてしまいました。すると漬け物工場の奥さんが、「おにいちゃん大変だ、洗ってあげる」と言ってすぐに洗濯してくれたんです。仕事が終わる頃、乾いたシャツと一緒に、奥さんがお盆に漬け物を乗せてもってきてくれました。

漬け物を漬けるアルバイトをしていても、いつも試食できるわけではありません。そのときにいただいた漬け物がとてもおいしかったことを今でもよく覚えています。

ただ……、それがなんという菜っ葉だったのかがわかりません。あのとき、「これは何菜ですか？」と聞いておけばよかった。今では野菜作りを専門にしているというのに、学生だった僕は、おいしかったことしか覚えていないのです。何菜だったのかなぁ……、あのときの漬け菜……気になります。

タマネギの食べ方を知らなかった日本人

タマネギの原産地は中央アジアで、日本に入ってきたのは、明治時代の初期のことです。当時の生産者が試しに作ってみると、日本の気候や環境にうまく合ったようで、とてもよくできたそうです。なかでも特に北海道、大阪府、兵庫県の淡路島ではいいタマネギができ、各地でさかんに生産されるようになりました。

ところが、ここで困った問題ができます。タマネギという当時はまだ珍しかった野菜を、食べる人がいなかったのです。その頃の多くの日本人がタマネギをどうやって食べるのか知らなかったというのですから、気候が合ってよくできて、しかもおいしい野菜だというのに、作り手の方々はきっと困ったことでしょう。

しかし、そんなことはおかまいなしに植え付けられたタマネギは、供給先がないのにどんどん収穫されていきます。はて、どうしたものか……と考えた苦肉の策が輸出でした。

日本とは正反対の気候となる南半球のオーストラリアやニュージーランドで、タマネギが収穫できない季節に、日本では収穫ができます。その環境を利用して輸出が始まったというわけです。

時が移り、タマネギのおいしい食べ方を知った現代の日本人。タマネギは和・洋・中のどの料理にも、なくてはならない野菜となりました。生産も盛んに行なわれ、本州以南では五月中旬から六月に、冬越しをしない北海道では九月から十月に、「新タマ」と呼ばれる、おいしい新タマネギが収穫されています。

苗の植え付けの基本を覚えよう

苗を植え付けるときに便利な道具は、長さ約三〇センチほどの移植ゴテ。株間は野菜の種類によって異なりますが、その際に移植ゴテをメジャー代わりにも使います。三〇センチ間隔で植える場合なら、移植ゴテを置きながら苗を植える位置に見当をつけます。そこに苗をポットごと置いて、バランスを見ます。

移植ゴテで穴を掘ったあと、水を注ぐときはジョウロのハス口を外し、水を手で受けながら穴に注ぎます。ポイントはその水が完全に引いてから苗を入れることと、苗をポットから出すときに、苗の根元を人差し指と中指で挟んで支えながら逆さにして取り出すこと。植え付けが終わったら、ジョウロのハス口を上向きにして、たっぷり水を与えましょう。

ナバナ類・ニンニク

みなさんは土から掘り上げたばかりのニンニクを調理したことがありますか？　包丁を入れるとジュワッとみずみずしく、ほかの野菜と同じように新鮮さが実感できます。ほろ苦さを楽しむナバナ類もそうですが、〝自家製大人の味覚〟にもぜひチャレンジしてみてください。菜園生活の楽しみは、新たな野菜作りに取り組むたびに、ますます広がっていくことでしょう。

花が咲かなくても四月まで待ってみよう

日本のナバナは大きく分けて二種類あります。一つは在来種、もう一つは西洋種です。花が咲く時期を観察すると、三月初め頃から咲くのが在来種で、やや苦みがありますが柔らかくてとてもおいしいです。

ところがこの時期に、花がなかなか咲いてこない種類があります。あるとき、おかしいなぁと思っていると、一か月以上遅れて四月頃から花が咲き始めたナバナがありました。

遅れて咲いたナバナの成長を見ていると、在来種のナバナとは葉っぱの色が違います。なんとなくキャベツに似た感じです。気になって染色体を調べてみると、その数は三六本でした。この数は西洋ナタネに値します。それで納得、そうか四月頃から咲くのは西洋ナタネなのか、とわかったわけです。

遅れて咲いた西洋種のナバナを食べてみると、これが結構おいしいのです。写真のナバナはこの西洋種のナバナで、「のらぼう菜」と呼ばれているものです。在来種と西洋種を意識して栽培すれば、時期がずれて両方味わえますね。

のらぼう菜は、東京・神奈川を流れる多摩川流域あたりで栽培されることが多く、タネは市販されていますので、見つけたら栽培してみてはいかがでしょう。お浸しやごまあえなどにするとおいしいですよ。

収穫時期を逃した葉菜のナバナを召し上がれ

カロテン、ビタミンB_1、B_2、C、カルシウムや鉄分などのミネラルを含むナバナには、いろいろな種類があります。何種類ずつかを少しずつ作って、その味の違いを楽しむのもいいですね。

味の違いを知るにはこんな方法もありますよ。葉菜を作っていて収穫時期を逃してしまい、トウ立ちさせてしまったとき、あるいは食べ切れなくて、収穫せずにそのまま放置しておいたとき、花がついたら、それをナバナとして楽しんでみましょう。ハクサイ、コマツナ、チンゲンサイ、野沢菜などで、おいしいナバナが味わえます。

においが苦手なら無臭ニンニクを

ニンニクは、トウガラシやショウガとともに三大香辛料（ペッパー、クローブ、ナツメグなどの説もあります）といわれます。中央アジア原産で暑さは少し苦手ですが、「寒地系」のほか、温暖なところでも育つ「暖地系」があります。

特有のにおいは「アリシン」という成分で、ニンニクに殺菌・抗菌作用があるとされるのは、このアリシンによるものです。体内でビタミンB_1と結びつくことで、疲労回復効果があるということですから、初夏に収穫ができたら、その年の夏バテ防止にきっと役立つことでしょう。

最近は無臭ニンニクというものが注目されています。これは「リーキ」という西洋野菜で、見た目は日本の長ネギに似ています。古代ローマ時代から作られている野菜で、フランス料理で使われる「ポロネギ」と聞けば、ご存じの方も多いことでしょう。

このリーキの球根のよく太ったものが、ニンニクと同じ目的で利用でき、ニンニクほど強いにおいがありません。育て方はニンニクと同じですから、においは苦手だけれど、料理の味を深めるために使いたいという方にはおすすめです。

タネまきの基本を覚えよう

タネまきから育てたほうがよいか、苗を植え付けて育てたほうがよいか。初心者には迷うところですが、野菜によってどちらから育てるほうがより育てやすいか、それぞれ異なります。トマト・キュウリ・ナス・ピーマンや、レタス・キャベツ・ハクサイなどは、苗から育てるのに適しています。一方、ホウレンソウ・コマツナ・チンゲンサイや、ニンジン・ゴボウ・カブ・ダイコンなどはタネまき（直まき）から育てるのに適しています。

直まきには、畝に溝をつけ、列にして真っ直ぐにまく〈すじまき〉と、まき穴を作って数粒ずつのタネを入れてまく〈点まき〉があります。すじまきに適しているのは、コマツナ・ホウレンソウ・ニンジン・ラディッシュなど。点まきに適しているのは、オクラ・トウモロコシ・ダイコンなどです。すじまきするときは、タネを数粒つまみ、指先をひねるようにして落とすと、間隔がそろいやすくなります。点まきするときは、タネとタネがくっつきすぎると間引きのときに残す株の根を傷めることがあるので、まき穴のなかでも間隔を開けるようにしましょう。

点まきのときにあると便利なのが、水ようかんやゼリーなどが入っていた小さめの空き缶です。これにまく分だけのタネを移し、その缶の底を畝に押しつけると、簡単にまき穴を作ることができます。

スプラウト・ベビーリーフ・モヤシ

野菜を栽培できるのは戸外だけとは限りません。菜園生活が楽しくなってきたら、室内でも野菜を栽培してみませんか。キッチンの窓辺や卓上でも育てられる小さな野菜たちは、どれも栽培期間が短く、育て方もそれほど難しくありません。テーブルの上のかわいい緑を少しずつ収穫しながら、摘みたてのおいしさを楽しみましょう。

眺めて、楽しんで、食べる

ミニニンジンやミニダイコンといったミニ野菜は、最近ではスーパーでもよく見かけるようになりましたね。ミニ野菜は大きく分けて二種類あり、ニンジンやダイコンなど収穫時の姿をそのままミ

ニサイズにしたもののほか、生育途中の野菜を若いときに収穫するものがあります。

この若いときに収穫する葉菜が〈ベビーリーフ〉。ホウレンソウやミズナ、リーフレタスやルッコラなどで収穫が可能です。もちろん菜園でも作ることができますが、室内の明るい窓辺でコンテナ栽培が可能です。グリーンインテリアとして眺めながら、ちょっと摘んで食卓に、という楽しみ方もいいですよ。

僕の子どもが小さい頃、自宅の室内でベビーリーフを栽培していると、子どもたちは興味津々でした。芽が出てくるとおもしろがって、摘み取るときには「僕が切るっ!」と喜んで収穫していました。キッチンやリビングに鉢やプランターがあると、自然と毎日目にするようになりますから、子どもたちもいつのまにか関心をもつようになります。

菜園での野菜作りにもいえることですが、特に室内での栽培は、小さな子どもさんと一緒に楽しむのによい機会です。ぜひ親子で観察しながら栽培してみてください。

モヤシでフルコース

モヤシは、豆や穀類の種を、光を当てずに発芽させて伸長させた野菜です。細くて小さいながらもビタミンやミネラルが豊富で、栄養価が優れているエラ～い野菜なんです。しかも栽培が簡単で栽培期間も短く、一年中作ることができます。

栽培が成功するとたくさん収穫できるので、わが家ではかつてこんな会話がありました。

ある日、長男が「今夜のおかず、何?」と家内に聞いていています。家内が「モヤシ炒めとモヤシのお味噌汁と」と答えていると、すかさず長男が一言。「モヤシ、多いね……」。そうです。モヤシを栽培しているとき、わが家ではときどき、モヤシのフルコースが登場するのです。野菜栽培に興味のあるみなさんのご家庭でも、きっとそのうち、収穫物のフルコースが食卓に登場することでしょう。

余ったダイコンのタネでカイワレを作ろう！

家庭菜園で野菜を作ると、タネが余ることがよくあります。タネを翌年に持ち越すと発芽率が落ちますから、その年に使うタネはなるべく新しいものを買うことをおすすめします。ならば、その年に余ったタネはどうしましょうか。残ったタネは処分するしかないのですが、ダイコンのタネの場合は、ちょっと待った！　この残りのタネを使って、カイワレダイコンを作ってみましょう。

スプラウトというおしゃれな名前で呼ばれることが多くなりましたが、日本語で言えば「芽もの野菜」。スープやみそ汁に散らすなど、気軽に利用できる便利な野菜です。好みの容器で栽培すれば、インテリアとしても楽しめますね。

野菜作りの強い味方、マルチングフィルム

土の表面をワラなどで覆い、野菜を病気や害虫から守って栽培することを〝マルチング〟といいます。

マルチングフィルムは、ワラや草と同じ役割をするポリフィルムの被覆資材です。これらでマルチングすることにより、土の水分を保って乾燥を防ぎ、地面の温度を上げて野菜の生育を促します。また、雑草を防いだり、雨天のときや水やりの際の泥水の跳ね上がりを防ぐことによって、病気になりにくくするためにも役立ちます。

マルチングフィルムとしてさまざまな種類のシートやロールが市販されていますが、家庭菜園ビギナーにおすすめなのは、雑草防止効果の高い〝黒マルチ〟と呼ばれる黒いフィルムです。広い場所で栽培する場合はロールタイプ、狭い場所で栽培するならシートタイプのものが扱いやすいでしょう。

コマツナ・ジャガイモ

家庭菜園初心者にとって比較的育てやすい野菜、ジャガイモとコマツナ。ビタミン・ミネラルを豊富に含むコマツナは、タネまきから一か月ほどで収穫できるため、菜園を始めたばかりの人には特にうれしい葉菜です。子どもにも大人にも人気のジャガイモは、収穫したてを熱々のじゃがバターにしていただくのが、きっと待ち遠しくなりますよ。

ジャガイモからトマト？

僕は大学の授業以外でも、一般の方を対象に菜園指導を行なっています。ジャガイモは家庭菜園を楽しむ人に人気の作物ですが、ときどきその生徒さんたちから、興奮気味にこんな報告をされることがあります。「先生！　自宅で今、ジャガイモを育

てているんですが、ジャガイモからトマトができちゃってるんですよ！」。はいはい、そうですか、できましたか(笑)。えっ!? そりゃあ、びっくりしますよね。ジャガイモは土の下にできるものなのに、地上にトマトが実っちゃったわけなのですから。でも、ちょっと落ち着いて、もう一度よく見てみましょう。そうです。残念ながら、ジャガイモからトマトができるわけがありませんね。

確かに、ジャガイモの実はミニトマトに似ています。ジャガイモもトマトも同じナス科の植物だということがよくわかります。

一般的に本州ではジャガイモに実がなることはあまりありませんが、気候が冷涼な北海道などでは、実がなることがよくあります。本州でジャガイモに実ができるということは、その年は冷害が予想され、米が不作になることが考えられています。実際に一九九三年は東北地方では大冷害で米が不作の年でしたが、本州でジャガイモに実がなった、というニュースがありました。

普通は実がなりにくい「男爵」や「メークイン」に実ができたときは、米が冷害に遭う可能性がある、と覚えておくとよいでしょう。ジャガイモにはたくさんの品種がありますが、なかでも「インカのめざめ」や「キタアカリ」は実がなりやすい品種です。これらを栽培していて実がなっても、必ずしも冷害ということはありませんので、ご安心ください。

ところで、ミニトマトに似たジャガイモの実が食用になるのかどうか、気になる方もいらっしゃいますよね。残念ながら食べられません。食べても、味のないトマトといったところで、この実には、ジャガイモの芽や緑色に変色した皮部分と同じソラニンというアルカロイド系の毒物を含みます。

ソラニンは、下痢や嘔吐などの胃腸障害、頭痛、果ては意識障害などを引き起こすものですから、ちょっとつまんで食べてみたくなる気持ちはわかりますが、間違って食べないように気をつけましょう。

食用のジャガイモはタネイモに不向き

食用として市販されているジャガイモはウィルスに感染していることがあり、食用には問題がないのですが、収穫量に影響するためタネイモには不向きです。園芸店などで無病のタネイモを購入して植え付けましょう。

植え付けるときには、タネイモを半分に切って植え付けますが、このとき、切ったタネイモの切り口が腐らないように、かつては草木灰や市販の専用処理剤を塗るのが一般的でした。しかし最近では、切り口を半日くらい干してそのまま植え付けても、どちらでもよいという専門家もいます。

ジャガイモ畑はアルカリ性に傾かないように

ジャガイモの植え付け前には苦土石灰をまいて土作りをしますが、日本の多くの地域の畑はジャガイモ栽培に適した弱酸性なので、その場合は苦土石灰を施さなくても栽培をすることが可能です。しかし、強い酸性(PH五・〇以下)の畑の場合は、一平方メートルあたり五〇グラムの苦土石灰をまいて土作りをしましょう。ただし、まき過ぎには注意してください。アルカリ性になった畑では、ジャガイモの表面にへこみやコブのようなものができる、そうか病という病が発生しやすくなります。そうか病は収穫量に影響することはありませんが、やはり見た目がよくありません。ジャガイモだって、できることなら〈見た目も美しく!〉がベターですよね。

コマツナは徳川将軍御墨付き野菜

野菜を書き表わすときにはカタカナ表記が一般的ですが、コマツナは「コマツナ」より「小松菜」と漢字で書きたくなる、日本原産の葉もの野菜です。東京都江戸川区小松川地域で作られるようになったのが始まりで、現在は出荷量の全国一は埼玉県に譲りましたが、それでも東京都は埼玉県に次ぐ出荷量を誇っています。

東京でコマツナが栽培されるようになったのは江戸時代からで、当時は全国からさまざまな野菜が江戸に集められ、それらは周辺の農家でも栽培されるようになりました。野菜栽培がその地で定着するためには、気候などの環境や、育てやすさ、需要などの条件がそろうことが必要になりますが、小松川の地域ではコマツナはうまく定着し、一帯で栽培されるようになっていったのでしょう。

時の将軍、徳川吉宗(徳川綱吉という説もあります）にも献上されたそうですが、その際、将軍はこの野菜を気に入られたようで、今後は「小松菜」と呼ぶように、と言ったとか。理由の詳細はわかりませんが、以来コマツナは徳川将軍御墨付きの野菜といわれています。

第4章 栽培実践・秋冬スタート編

キャベツ ブロッコリー

栽培のポイント

キャベツ　アブラナ科の野菜栽培のポイントは害虫対策です。アオムシ、コナガ、ヨトウムシといった、チョウやガの幼虫には要注意！　レースのような葉になってしまわないように早期発見し、見つけたら手で取り除くか、あるいはＪＡＳ規格で有機農産物の生産に使用が認められているBT剤（トアロー水和剤CT）などの、生物農薬を用いて早急に駆除しましょう。

ブロッコリー　キャベツと同様に害虫対策はしっかりと。本葉が一〇～一五枚出た頃、花蕾がつき始めた頃に、忘れずに追肥することが大切です。

植え付け

キャベツ、ブロッコリーともに、タネからも苗からも育てることができます。ここでは元気な苗を購入して植え付ける方法をご紹介します。キャベツは春植え、夏植え、秋植えができ、ブロッコリーは春植えと秋植えができます。春植えはいずれも３月下旬～４月上旬、秋植えはキャベツは 11 月上旬～中旬、ブロッコリーは８月中旬～９月中旬が適期。植え付けの２週間前には、１㎡あたり 100g の苦土石灰をまき、１週間前に１㎡あたり２～３kg の堆肥と 200g の化成肥料で土作りをしておきましょう。

1　株間 40 ～ 50cm、列にする場合は株列の間を 60 ～ 70cm 程度を目安にして、苗のポリポットの深さの植え穴を掘る

2　ジョウロの水を手で受けながら植え穴に水をたっぷりと注ぐ

3　苗をポットから取り出し、水が引いた植え穴に入れる

4　隙間に土を入れて根元の土を押さえる

5　ジョウロでたっぷりと水やりをして植え付け完了

☆土作りと畝作りの基本は 60 ～ 61 ページを参照してください（第４章の各種野菜、同様）
☆栽培方法はキャベツ、ブロッコリーともほぼ同じです。
☆作業過程の写真はキャベツです。

6 追肥・土寄せ

植え付けから2週間後

本葉が 10 ～ 15 枚出た頃に 1 ㎡あたり 30g の化成肥料をまんべんなくぱらぱらとまく

7

株元にクワで土寄せする

追肥・土寄せ 2 回目

キャベツとブロッコリーの栽培は追肥と害虫駆除が重要。キャベツは結球が始まる頃、ブロッコリーは花蕾がつき始める頃を目安に、2 回目の追肥と土寄せを行ないます。特にブロッコリーは 2 週間に 1 回程度追肥するとよいでしょう。

8

株元に 1 ㎡あたり 30g の化成肥料をまく

9

クワで土寄せする。このとき害虫を見つけたら捕殺する

10 収穫

キャベツは植え付けから10週くらい、ブロッコリーは10～15週間くらい

結球したキャベツを上から手で軽く押して、硬く締まってきたら、外側の葉をよけて包丁で切り取る

花蕾の直径が 15cm 程度になったら、茎を 10 ～ 15cm くらいつけて切り取る

ダイコン

栽培のポイント

九一ページでも記したように、まっすぐなダイコンを作るためには、土を深くよく耕すことが大切です。冷涼な気候を好むダイコンの生育適温は一七～二〇度。しかしそれより低温になってしまうと花芽が出てしまい根が太く育たないので、気候に注意を払い、タネまきの適期を逃さないようにしましょう。

タネまき

ダイコンはタネを直まきして栽培します。春まきと秋まきができ、春まきは4月上旬～5月上旬、秋まきは8月下旬～9月上旬が適期です。

1

直径5cm、深さ1cmほどのまき穴を、30cm間隔（移植ゴテ一つ分）で作る（2列にする場合は列の間は60cm間隔）。小さめの空き缶などの容器にタネを移し、そのまま缶の底を押しつけて窪みを作ると簡単

2

1つのまき穴に5粒のタネを、写真のように入れていく

3

タネの上に土をかぶせ、手のひらで軽く押さえる

4

ジョウロを使ってたっぷりと水やりする

5

間引き①
タネまきから1週間後

タネまきから1週間後、双葉が出たら生育のよくないものを抜き、1か所につき3本になるようにする

6

間引き②・追肥・土寄せ①
タネまきから2週間後

1回目の間引きのさらに1週間後、本葉が2～3枚になったら、2本になるように1本間引く

7

2本にした苗が倒れないように土寄せし、株間に1㎡あたり30gの化成肥料をまいて軽く土寄せする

8

間引き③・追肥・土寄せ②
本葉が5～6枚の頃

本葉が5～6枚になったら1本に間引きし追肥します。以後2週間に1回の追肥を続ける

9

収穫
地上部の根の直径が6～7cmになった頃

地上部の根の太さの直径が6～7cmになったら、葉を束ねて引き抜く

☆栽培スタートの2週間前には、1㎡あたり100gの苦土石灰をまき、1週間前に1㎡あたり2～3kgの堆肥と200gの化成肥料をまいて土作りをしておきましょう。

ハクサイ

栽培のポイント

連作障害で起きる〈根こぶ病〉という病気を防ぐため、同じアブラナ科の連作をしないことが大事です。根こぶ病を防ぐためには土壌殺菌剤を用いたり、石灰チッ素や太陽熱で土を消毒します。ただし石灰チッ素の取り扱いは、直接触れたり吸い込んだりしないなど十分な注意が必要。苗選びは、初心者の場合は栽培しやすく期間も短い〈早生種〉を選ぶとよいでしょう。追肥を忘れずに行ない、葉を大きく育てれば大きな結球になります。

1 植え付け

株間 40 ～ 45cm（2 列にする場合は列の間は 50 ～ 60cm 間隔）で、ポリポットの深さの植え穴をあけ、水をたっぷり注ぐ

2

水が引いたら、苗をポットから出して植え、軽く土を押さえる

3

ジョウロでたっぷり水やりする

4 追肥・土寄せ①②

植え付けから 2 週間後と、さらに結球が始まる頃の 2 回、1 ㎡あたり 30g の化成肥料を追肥し、株元に土を寄せる

5 収穫

収穫は植え付けから 65 日ほど経ち、手で球を押してかたく締まってきたと感じたら、株元に包丁を入れて切り取る

☆栽培スタートの 2 週間前には、1 ㎡あたり 100g の苦土石灰をまき、1 週間前に 1 ㎡あたり 2 ～ 3 kg の堆肥と 200g の化成肥料をまいて土作りをしておきましょう。

カブ

栽培のポイント

タネまきは、春でも秋でもできます。成育の適温が一五〜二五度なので、気温が下がっていく秋まきのほうが作りやすいでしょう。いろいろな品種がありますが、初心者には小カブがおすすめです。根こぶ病を防ぐため、連作は避けてください。

1 タネまき

春まきは3月中旬〜4月下旬 秋まきは9月上旬〜10月上旬

棒を使って深さ5〜10mmのまき溝をつくる

2

まき溝に1cm間隔にタネをまく

3

親指と人差し指で土寄せし、手のひらで軽く押さえておく

4

ジョウロでたっぷり水やりする

5 間引き①

タネまきから1週間後

タネまきから1週間後、双葉が出たら生育のよくないものを抜き、1か所につき3本になるようにする

6 間引き②・追肥・土寄せ①

1回目の間引きは本葉が2〜3枚出た頃。2回目の間引きは本葉が5〜6枚出た頃が目安

本葉が2〜3枚出たら6cm間隔に間引きし、本葉が5〜6枚出たら小カブは10〜12cm間隔に、大カブは20cm間隔に間引きする

7 追肥・土寄せ②

1㎡あたり30gの化成肥料を株元にまき、土寄せする

8 収穫

タネまきの45〜50日後

根の直径が5〜6cmになれば収穫の目安。葉を持って根元から引き抜いて収穫する

☆カブの土作りは栽培スタートの2週間前に、1㎡あたり100〜150gの苦土石灰をまき、1週間前に1㎡あたり2kgの堆肥、100gの化成肥料をまいて、土作りをします。2列まきで畝幅は60cm、列間は30cmが目安です。

イチゴ

栽培のポイント

茎の根元の部分（クラウンといいます）は土に埋めないように、少し浅めに植え付けるのがポイントです。また、ランナーの跡が畝の内側になるように植え付けましょう。

1 植え付け 10月中旬～11月上旬

ランナーの跡が内側になるように30cm 間隔に苗を仮置きする

2

植穴は浅めに掘り、水をたっぷり注ぐ

3

水が引いたらポリポットから苗を取り出し、クラウン部分を埋めないように注意して浅めに植える

4

土をかけて軽く押さえ、水やりしておく

5

タネまきから１週間後、双葉が出たら生育のよくないものを抜き、１か所につき３本になるようにする

6 マルチ張り 2月下旬～3月上旬

畝にマルチシートをかぶせ、四辺に土をかぶせて固定してから、ロールから切り離す

7

マルチの上から株の位置を手で探り、その位置を切って、マルチの上に株を引き出す

8 追肥 3月下旬～4月下旬

本葉が５～６枚になったら追肥し、以後２週間に１回の追肥を続ける

9 収穫 5月中旬～6月上旬

５月中旬～６月上旬頃、真っ赤に熟したら実の付け根をはさみで切り取って収穫する

☆イチゴの土作りは栽培スタートの２週間前に、１㎡あたり 100g の苦土石灰をまき、１週間前に１㎡あたり２kg の堆肥、１㎡あたり 100g の化成肥料、１㎡あたり 50g の溶リン、１㎡あたり 100g のナタネ油かすをまいて、土作りをします。株間は 30cm、畝幅は 60cm で、２列植えするときの列の間は 30cm が目安です。

ホウレンソウ　ミズナ

栽培のポイント

ホウレンソウ　冷涼な気候を好むホウレンソウは暑さに弱い野菜です。特に東洋種は暑さが苦手なので、秋まきがよいでしょう。また酸性土壌にも弱いため、土作りでは苦土石灰をたっぷりと施すようにします。春まきしたいときにはなるべくトウ立ちしにくい品種を選ぶようにしましょう。

ミズナ　ミズナもホウレンソウと同様に暑さが苦手なので秋まきにします。九月頃がタネまきの適期とはいえ、まだ暑い日もあり、高温期には害虫にも注意しましょう。防除のためには、寒冷紗という通気性のよい専用の布を用い、それでトンネルのように覆って栽培する〈トンネル栽培〉も効果的です。

1 タネまき

ホウレンソウは春まきなら3月中旬～5月下旬、秋まきなら9月上旬～10月下旬、ミズナは3月下旬～10月中旬がタネまきの適期です

土作りした畝の中央に、直径2cmほどの太さの細長い棒をおいて、すじまき用の溝を作る

2

1cm間隔でタネをまき、土を指でつまむようにしてタネにかぶせ、手のひらで軽くたたいておく

3

ジョウロで植え穴に水をたっぷり注ぐ

4 間引き

タネまき後、1週間～10日後の双葉が出た頃に、ホウレンソウは3～4cm間隔で1本になるように、ミズナは密生している部分を抜き、本葉が2～3枚のときに3～4cm間隔に間引く

間引き後の株がぐらぐらしないように、親指と人差し指で株元に土を寄せる

5 追肥・土寄せ

タネまきの14～17日後

いずれも草丈が7～8cmになったら列の間に1㎡あたり30gの化成肥料をぱらぱらとまく。ミズナは以降2週間に1回同量の化成肥料をまく

6

移植ごてなどを用いて土寄せし、株を安定させる

☆土作りはいずれも栽培スタートの2週間前に行ないます。ホウレンソウは1㎡あたり200g、ミズナは1㎡あたり100～150gの苦土石灰をまき、1週間前になったらいずれも1㎡あたり2kgの堆肥と、ホウレンソウは1㎡あたり100～200g、ミズナは1㎡あたり100gの化成肥料をまいて土作りをしておきましょう。
☆作業はホウレンソウ・ミズナともにほぼ同じです。☆作業過程の写真はホウレンソウです。

7

収穫

タネまきの30日後～

ホウレンソウはタネまきから30～50日後、ミズナは30～35日後で草丈が25～30cmくらいになったときが収穫の適期。はさみや包丁で株元から切り取る

漬け菜

栽培のポイント

九月〜一〇月中旬頃が一般的なタネまきの時期ですが、支柱とビニールを使ったトンネル栽培なら一一月にまくこともできます。双葉が開いた後、間引き、追肥・土寄せを繰り返すことで株を大きくすることができます。

1 **タネまき** 9月上旬〜10月中旬（トンネル栽培の場合は11月）

棒を使って深さ 15 〜 20mm のまき溝を作る

2

溝に 1 cm 間隔にタネをすじまきする

3

親指と人差し指で土をつまみ寄せるようにして土をかぶせる

4

手のひらで軽く土を押さえる

5

ジョウロでたっぷり水やりする

6 **間引き** タネまきの1週間〜10日後

双葉が開いたら 3 cm 間隔に間引く

7 **収穫** 草丈25㎝くらいから

元を包丁で切り取って収穫する

☆漬け菜の土作りは栽培スタートの２週間前に、１㎡あたり 100g の苦土石灰をまき、１週間前に１㎡あたり２kg の堆肥、100g の化成肥料をまいて、土作りをします。２列まきで畝幅は 80cm、列間は 40cm が目安です。

タマネギ

栽培のポイント

土作りの際に苦土石灰の量をやや多めに散布します。堆肥は完熟しリン酸分が多い肥料を用いましょう。苗を植える際には、太さが七～八ミリのものを選ぶのがポイント。それ以上に太い苗だと寒さに当たって花芽ができ、春にはネギ坊主ができて玉が太りません。タマネギの栽培には、タネからまく方法と、苗植えからの方法がありますが、ここでは初心者の方向けに、苗植えの方法をご紹介します。

1 植え付け 11月中旬～12月上旬

畝に穴開きのマルチシートをかける

2

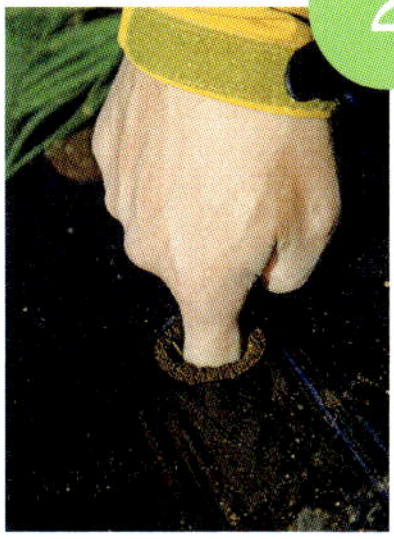

指で植え穴を作る

3

苗の根元の白い部分が2cmほど地面に出るように浅めに植える

4

草丈が伸び始めたら枯れ葉を取り除き、緑色の葉だけにする

5 追肥

マルチの穴、1株あたり3g程度の化成肥料をまく

6 収穫 5月下旬～6月下旬

葉が6～7割ほど倒れてきたら収穫時期

株元近くを持ってゆっくりと引き抜く。収穫後は2、3日風に当ててから保存する

☆タマネギの土作りは栽培スタートの2週間前に、1㎡あたり150～200gの苦土石灰をまき、1週間前に1㎡あたり2kgの堆肥、100gの化成肥料、50～60gの熔リンをまいて、土作りをします。マルチを使って5列までなら畝幅は95cm、株間と列間は15cmが目安です。

ニンニク

栽培のポイント

秋になったらタネ用として売られている球根を購入して植え付けます。植え付け後一か月後くらいから月に一回間隔で追肥・土寄せを三回ほど行なって球根を太らせていきますが、一二月～二月の厳冬期は追肥不要です。

1 植え付け
9月下旬～10月下旬

写真のように1片ずつに分け、薄皮のみはがす（堅い内側の皮ははがさない）

2

1列植えの場合は株間を20cmほど開けて、球根の1片ずつを植え付ける

3

土をかぶせたら、たっぷり水やりする

4 追肥・土寄せ
植え付け1か月後・2か月後・3か月後の計3回

雑草を取り除き、1株あたり3g程度の化成肥料を株元にまいて土寄せする

2回目の追肥

3回目の追肥

5 収穫
5月下旬～6月下旬

株元近くを持ち、ゆっくり引き抜く。収穫後は風通しのよい場所に吊るしておく

☆ニンニクの土作りは栽培スタートの2週間前に、1㎡あたり100gの苦土石灰をまき、1週間前に1㎡あたり2kgの堆肥、100gの化成肥料をまいて、土作りをします。畝幅は60cm、2列にする場合の列間は30cm、株間は20cmが目安です。

ナバナ類

栽培のポイント

アブラナ科の野菜の連作は避けて、適期にタネをまき、間引き、追肥・土寄せをしっかりと行ないます。春の味覚として一足早く味わうには、一二月頃に支柱とビニールを使ったトンネル栽培をするのもいいでしょう。

1

タネまき
9月下旬〜10月下旬

棒を使って深さ 15 〜 20mm のまき溝を作る

2

1 cm 間隔を目安にタネをすじまきする

3

親指と人差し指でつまむようにして土を寄せ、手のひらで軽く押さえる

4

間引き・追肥・土寄せ
1回目の間引きはタネまき1週間〜10日後

1 回目の間引きは、双葉が開いたら、3 cm 間隔になるように間引きし、1 ㎡あたり 30g の化成肥料を追肥し、根元に軽く土寄せする

2 回目の間引きは、本葉が 2 〜 3 枚で 5 〜 6 cm に間引き、列の間に 1 ㎡あたり 30g の化成肥料をまいて土寄せし、3 回目の間引きは、本葉が 5 〜 6 枚になったら、10 〜 20cm 間隔に間引き、同様に追肥・土寄せする

5

収穫
つぼみが出てきたら収穫開始

つぼみの下の花茎を 15 〜 20 cm つけて摘み取る。収穫できるようになったら、月に 1 回、1 ㎡あたり 30g の化成肥料を追肥し、土寄せすると長く収穫できる

☆ナバナ類の土作りは栽培スタートの 2 週間前に、1 ㎡あたり 100g の苦土石灰をまき、1 週間前に 1 ㎡あたり 2 kg の堆肥、100g の化成肥料をまいて、土作りをします。畝幅は 2 列まきで 80cm、列間は 40cm が目安です。

スプラウト

〈用意するもの〉
タネ、容器、茶漉し、スプーン、ボウル、
アルミホイル、クレイボール（土の代わり）、霧吹き

1日目（タネまき）

1

タネをスプーンでとって容器に入れる

2

タネの量の5倍以上の水を入れて1日置く

2日目

3

タネの大きさは倍くらいになっている

4

茶漉しを使って水を切る

5

容器に1cmほどクレイボールを入れ、霧吹きで2回ほど水をかける

6

水を切ったタネをスプーンで、クレイボールが見えなくなるくらいまで入れる

7

霧吹きで水をかけ、アルミホイルをかぶせて日が当たらないようにし、朝夕2回、毎日霧吹きで水をかける

5日目

8

黄色い芽ぶきが見える

7日目（収穫）

9

緑色になった芽を収穫する

☆土はバーミキュライトやパーライトなどの培養土を使用します。
☆ここでは、スプラウトはピンクかいわれダイコンの栽培過程を、ベビーリーフはルッコラ（ロケット）の栽培過程を、モヤシはササゲのモヤシの栽培過程をご紹介します。

モヤシ

〈用意するもの〉
タネ、容器、ボウル× 2、茶漉し、ガーゼ、輪ゴム、アルミホイル

1日目(タネまき)

1

水を入れた容器にタネを入れ、一昼夜置く

2日目

2

水が赤くなりタネが大きくなったらボウルを用意し、茶漉しを通して水を捨てる

3

別のボウルに水を入れ、茶漉しのままタネを洗い、元の容器に戻す

4

ガーゼをかぶせて輪ゴムでとめ、その上からアルミホイルで上からも下からもくるみ、光がまったく当たらないようにする

4日目

5

アルミホイルをはずしてガーゼの上から水を入れ、その後しっかりと水を切る。これを朝夕２回、毎日行なう。水が残ると腐ってしまうので、しっかりと水切りをする

6

５日目から７日目くらいで収穫できる

ベビーリーフ

〈用意するもの〉
タネ、鉢、移植ごて、鉢底石、土

1日目(タネまき)

1

鉢底石を底が見えないくらいに入れる

2

土を鉢の縁下 1 cm くらいまで入れ、手で軽く押さえて平らにする

3

1 cm ～ 2 cm 間隔でタネをまく

4

タネが隠れるくらいに土をかぶせ、手で軽く押さえて水をかける

7日～ 10日後(間引き)

5

3 cm 間隔に間が空くように間引きする

20日後(収穫)

6

葉の上のほうからハサミでカットする

ジャガイモ

栽培のポイント

収穫が小粒になりすぎないよう、植え付け後は芽かきを忘れずに行なって本数を整理し、一つ一つのイモを大きく育てます。追肥・土寄せもしっかりと行ないましょう。土寄せは、寄せ上げる土の量がわずかだと子イモが地上に出てしまい、皮が緑色になってしまいます。

タネイモの準備

1

植え付けの4～5日くらい前にタネイモの一片が30～40gぐらいになるように包丁で切り分け、切り口が腐らないように日陰でよく乾かしておく。乾かす時間がない場合には、草木灰などを切り口にまぶすとよい

植え付け

春植えは2月下旬～4月上旬、秋植えは8月下旬～9月上旬

2

60cm幅の畝の中央にひもを張り、幅10cm、深さ15cmの溝を掘る

3

切り口を下にして、30cm間隔（移植ごて一つ分の長さ程度）にタネイモを並べて入れる

4

イモの間に移植ごて1杯分の堆肥を施す

5

イモの間に化成肥料を一握り分（約30g）施す

6

土を7～8cmほどかぶせて平らにならす

芽かき・追肥・土寄せ

春植え4月中旬～5月中旬、秋植えは9月中旬～10月上旬

7

植え付けから約1か月で、タネイモ1個から10cmほどの芽が3～4本出てくる

8

元気のよい芽を1～2本残して、それ以外の不要な芽を引き抜く〈芽かき〉をする

9

株の周囲に1㎡あたり30gの化成肥料をまく

10

株元に土寄せする

11

1回目の追肥･土寄せから2～3週間後に、1回目と同じ要領で2回目の追肥･土寄せを忘れずに行なう

収穫

春植えは5月下旬～6月下旬、秋植えは11月下旬～12月上旬

12

葉が黄色っぽくなってきたら収穫の適期。株元から7～8cm残して茎を切り取る

13

株元から20～30cm離れたところからスコップを入れる

14

スコップを上げて、イモを掘り出す

☆ジャガイモは栽培スタートの1～2週間前に、強い酸性の畑の場合は1㎡あたり50gの苦土石灰をまいて土作りをしておきます。

コマツナ

栽培のポイント

二列に栽培するときは、一般的には列間三〇センチですじまきしますが、菜園が狭い場合は列間一五センチでも栽培できます。気温が高い季節に栽培する場合は、寒冷紗で覆うなどして栽培すると害虫防除の効果があります。夏は成長が早いので、収穫の適期を逃さないようにしましょう。

1 タネまき
3月中旬〜10月下旬

深さ5mm〜1cmのまき溝を作り、タネを1cm間隔ですじまきする

2

指先で土寄せして、上から軽くたたく

3

たっぷり水やりする

4 間引き
タネまきの1週間〜10日後

双葉が開いたら3〜4cm（夏は5〜6cm）間隔に間引く

5 追肥・土寄せ
タネまきの17〜20日後

草丈7〜8cm、本葉4枚になったら列の間に1㎡あたり30gの化成肥料をまき、土寄せする

6 収穫
タネまきの30〜45日後（夏は25〜30日後）

草丈が20〜30cmくらいになったらハサミや包丁で地際から切り取って収穫する

☆栽培スタートの2週間前に、1㎡あたり100〜150gの苦土石灰をまき、1週間前に1㎡あたり2kgの堆肥と100gの化成肥料をまいて土作りをしておきます。

師弟対談

野菜作りは癒される

華やかな芸能界で活躍する西城秀樹さんと、野菜作りを専門とする藤田智さんは同世代。活躍のフィールドはまったく異なるのになぜかウマが合うという二人が、テレビの野菜作り番組共演の思い出から家庭菜園の魅力について語ります。

出会いは「先生」と「生徒」から

藤田 僕が講師をしているNHKの「やさいの時間」に、西城さんに出演していただくことになって、そのときが初対面でしたよね？

西城 いや、その前にバラエティー番組の「世界一受けたい授業」で、藤田さんが講師で僕が生徒の一人だったんだよね。

藤田　ああ、そうだ。でも、親しくなったきっかけは、やはり「やさいの時間」に西城さんがレギュラーで登場してくれるようになってからでしょうね。あれは平成二十一年からだったから、もう五年前になる。

西城　NHKで最初に会ったときは、どこかで会ったことがある気がするけど……って、すぐに思い出せなかった。そのときは、「この人は僕よりきっと年上だ」と思っていて、あとでスタッフから聞いてびっくりしたよ。なーんだ、藤田さんて僕より年下かぁ、って(笑)

藤田　あはははは。僕はあの頃からちょっとお腹が出ていたもので……。僕からすれば、あの〝西城秀樹〟ですからね。カンゲキでしたよ！背は高いし顔もいいし。僕より年上なのに、やっぱりカッコイイな、って。

西城　そう？(笑)。年上って、四つだけだよ。

藤田　アイドル時代はすごい人気で、いつもファンに囲まれて大変だったでしょう。

西城　いつも時間に追われて、睡眠は毎日三時間くらいだった。

家庭菜園は楽しくやらなきゃ

藤田　そんなきらびやかな世界で活躍する西城さんが、そもそもなぜ「やさいの時間」に？

西城　以前からバリの香辛料に興味があったの。色がきれいなんだよね。以前、場所を借りて菜園をやったこともあって、「やさいの時間」出演の話をいただいたとき、「いいな、美しい野菜を育てたいな」と思ったの。

藤田　そうそう。美しいとか楽しく、って西城さんはよく言っていて、農具にもきれいなブルーの色を塗ったりしましたね。

西城　道具もファッションも、プロと違って楽しみながらというのが大事だからね。撮影のときも、「桶に氷を入れてトマトを入れたら、より涼しげに見えるんじゃない？」とか、意見を出したり……。

藤田　いろいろやりましたね。僕は西城さんが出演する前にメインキャスターと二人でやっていて、徳川吉宗の格好とかいろんな芸をさせられて、それが最初はイヤだったけれど、いつの間にか「あれっ？　こういうの、ちょっといいかも……」みたいな感じになって（笑）。

西城　それ、藤田さんにとってよかったんだよ。

藤田　西城さんがあの番組で生徒になってくれたのは三年間だったけれど、その間の視聴率は、グンと伸びたんですよ。

西城　よかった（笑）。

藤田　西城さんの出演で家庭菜園を身近に感じる人が結構いたんだと思います。

西城　僕も勉強になりました。野菜作りは日本の四季が感じられ、旬を知り旬を食べる、というのがいい。僕たちが野菜を育てているけど、

さいじょう・ひでき●昭和 30年、広島県生まれ。同 47年、「恋する季節」で歌手デビュー。トップアイドルとして注目を集め多くのヒットを飛ばす一方、数々の映画やドラマ、CMなどでも活躍。著書に『バリスタイルの家　西城秀樹の快適アジアン生活のすすめ』（イーストプレス）『あきらめない　脳梗塞からの挑戦』（二見書房）『ありのままに　三度目の人生』（廣済堂出版）などがある。

実は僕たちが育てられているような気になるときがあるんです。これ、子育てに似ていませんか。どうしたらいい子に育つか、って。

藤田　いつもいいことを言ってくれますね。園芸は手も服も汚れる。でもその分、心がきれいになっていくように思うんです。

西城　そう、汚いと思わないし土をいじると癒される。芸能界でも、ミュージシャンで野菜作りをしている人が結構いるけど、彼らもきっと癒しを感じているんじゃないかな。

藤田　それはあるかもしれないですね。でも西城さんは真面目ですよ。野菜作りでもよくいろいろ考えてるな、と思っていました。

西城　それは先生がそう仕向けてくれたから。こちらがわからない質問も答えのある方向にうまく誘導してくれたしね。気さくでやさしい先生だから、僕も一生懸命に作業がやれたと思う。

「食」は大事

西城　二人ともおいしいものを食べるのが好きだとわかって、食事に誘ってもらってから親しく話すようになったよね。最初は焼肉屋でしたっけ？

藤田　そうそう。僕はこう見えて人見知りなので(笑)一緒に食事して、それからですね。

西城　野菜の専門家だから当然野菜が一番好きだろうと思っていたら、野菜もだけど、それ以

上に肉好きだとわかって大笑い。
藤田 あははは。それからは蕎麦屋、お好み焼き屋、いろいろ食べ歩きました。
西城 「食」を大事にする感覚がお互いの共通点だったからね。僕は食には「美」があると思っていて、食べる以前に、見て美しいこともすごく大事だと思ってる。
藤田 大事なことですね。そうやって野菜が親しまれ、より多く食べられるようになる、というのは理想的だと思います。
西城 でしょ。だから肉ばかりじゃなくて、もっと野菜食べないとダメだよ(笑)。

初出

本書は月刊『清流』連載「藤田智の野菜塾　うれし！たのし！家庭菜園」（二〇一一年四月号から二〇一三年四月号）

「同世代対談　われら50代！　今が輝き盛り」（二〇一三年一〇月号・一一月号）を加筆修正し、単行本化したものです。

藤田 智 ふじた・さとし

1959年、秋田県生まれ。恵泉女学園大学人間社会学部教授（生活園芸・野菜園芸学）。岩手大学農学部を卒業後、同大学院修了。大学での指導のほか、社会人対象の菜園指導や講演なども行ない、テレビ・ラジオ出演や雑誌など幅広く活躍。著書は、『キュウリのトゲはなぜ消えたのか サプライズな「野菜学」』（学習研究社）、『NHK趣味の園芸 やさいの時間　藤田智の菜園スタートBOOK』（NHK出版）、『藤田智の成功するコンテナ菜園』（NHK出版）など多数。

菜園から愛をこめて
野菜作りにチャレンジしませんか？

2014年5月4日発行 ［初版第1刷発行］

著 者 藤田 智

発行者 藤木健太郎

発行所 清流出版株式会社
東京都千代田区神田神保町3-7-1 〒101-0051
電話03（3288）5405
振替00130-0-770500
〈編集担当・古満 温〉
http://www.seiryupub.co.jp/

印刷・製本 大日本印刷株式会社

ISBN978-4-86029-399-4